A máscara e a orquídea

Primeira aventura do Clube do Livro

Editora Appris Ltda.
1.ª Edição - Copyright© 2021 da autora
Direitos de Edição Reservados à Editora Appris Ltda.

Nenhuma parte desta obra poderá ser utilizada indevidamente, sem estar de acordo com a Lei nº 9.610/98. Se incorreções forem encontradas, serão de exclusiva responsabilidade de seus organizadores. Foi realizado o Depósito Legal na Fundação Biblioteca Nacional, de acordo com as Leis nos 10.994, de 14/12/2004, e 12.192, de 14/01/2010.

Catalogação na Fonte
Elaborado por: Josefina A. S. Guedes
Bibliotecária CRB 9/870

S586p 2021	Silva, Heloisa Regina Turatti Pandemia e o despertar das emoções / Heloisa Regina Turatti Silva. - 1. ed. - Curitiba: Appris, 2021. 107 p.; 21 cm. – (Coleção geral). ISBN 978-65-250-1020-5 1. Poesia brasileira. 2. Solidão. 3. Isolamento social. I. Título. II. Série. CDD – 869.1

Appris editora

Editora e Livraria Appris Ltda.
Av. Manoel Ribas, 2265 – Mercês
Curitiba/PR – CEP: 80810-002
Tel. (41) 3156 - 4731
www.editoraappris.com.br

Printed in Brazil
Impresso no Brasil

Heloisa Regina Turatti Silva

A máscara e a orquídea

Primeira aventura do Clube do Livro

FICHA TÉCNICA

EDITORIAL
Augusto V. de A. Coelho
Marli Caetano
Sara C. de Andrade Coelho

COMITÊ EDITORIAL
Andréa Barbosa Gouveia (UFPR)
Jacques de Lima Ferreira (UP)
Marilda Aparecida Behrens (PUCPR)
Ana El Achkar (UNIVERSO/RJ)
Conrado Moreira Mendes (PUC-MG)
Eliete Correia dos Santos (UEPB)
Fabiano Santos (UERJ/IESP)
Francinete Fernandes de Sousa (UEPB)
Francisco Carlos Duarte (PUCPR)
Francisco de Assis (Fiam-Faam, SP, Brasil)
Juliana Reichert Assunção Tonelli (UEL)
Maria Aparecida Barbosa (USP)
Maria Helena Zamora (PUC-Rio)
Maria Margarida de Andrade (Umack)
Roque Ismael da Costa Güllich (UFFS)
Toni Reis (UFPR)
Valdomiro de Oliveira (UFPR)
Valério Brusamolin (IFPR)

ASSESSORIA EDITORIAL
Renata Miccelli

REVISÃO
Yohan Barczyszyn

PRODUÇÃO EDITORIAL
Bruna Holmen

ASSISTÊNCIA DE EDIÇÃO
Marina Persiani

DIAGRAMAÇÃO
Daniela Baumguertner

CAPA
Sheila Alves

COMUNICAÇÃO
Carlos Eduardo Pereira
Débora Nazário
Karla Pipolo Olegário

LIVRARIAS E EVENTOS
Estevão Misael

GERÊNCIA DE FINANÇAS
Selma Maria Fernandes do Valle

AGRADECIMENTOS

Agradeço a Deus por me permitir atravessar este tempo de pandemia com saúde e trabalho garantido. E por permitir que toda a angústia, tristeza e solidão enfrentada neste período fosse transformada em textos escritos que foram, então, transformados em livros publicados.

Quero agradecer também à Vitória de Godoy Saciloto, minha aluna e amiga, que com sua leitura rápida e sua postura incentivadora teve papel fundamental para concretizar a realização deste projeto. Quando a insegurança bate, precisamos de pessoas que digam "Vá, siga, você consegue", e você foi essa pessoa, Vi. Obrigada!

A Guilherme Domingos Garcia, por sempre trazer suas sugestões supercompetentes, e que sem medo de dar sua opinião, tornou meu texto muito melhor. Gui, já te falei pessoalmente, mas quero registrar: é com pessoas corajosas assim que sabem se posicionar de forma educada e segura que é bom de trabalhar. Isso nos faz crescer de forma positiva. Obrigada!

A Lucas Staroski Vieira, por aparecer nos 45 do segundo tempo, ler o livro rapidamente e discutir cada detalhe comigo fazendo um refinamento do texto. Você foi meu verdadeiro "leitor beta". Quero esse seu trabalho em todos os livros que eu publicar no futuro. Staroski, você foi o primeiro a materializar meus personagens, é uma sensação incrível. Obrigada!

Aos membros do Clube do Livro Real e à Paola Egert Ortiz, minha amiga querida, por toda a contribuição, discussões, incentivos, opiniões e palavras de toda natureza que contribuíram na realização desta obra.

E a todos que, de alguma forma, contribuíram para este projeto se tornar realidade.

Obrigada a todos!!!

Se você pode sonhar, você pode realizar.

Walt Disney

APRESENTAÇÃO

Em 2020, fomos pegos de surpresa por uma pandemia: um vírus invadiu o mundo inteiro com potencial de morte nunca antes visto pela minha geração. Todos tivemos que nos trancar em casa de um dia para o outro. Tudo parou, tudo perdeu o significado e a importância. No início achávamos que seriam alguns dias, mas estes se tornaram semanas, depois meses, e chegamos a um ano até a data em que escrevo este texto. Os médicos não tinham ideia de como enfrentar esse vírus e, por isso, começou uma corrida em busca de uma vacina que protegesse as pessoas. O isolamento social era a única proteção oferecida. O medo e a ansiedade tomavam conta de nosso ânimo e, com o tempo, o tédio se aliou a eles, deixando-nos mais doentes.

As aulas se tornaram remotas. Como professor conversar com o computador sem ver os alunos se tornou a nossa realidade, a certeza de que alguém estava do outro lado vinha por meio de frases escritas esporadicamente em algum *chat*, e a profissão professor se tornou um lugar solitário.

Quando acontece um primeiro relaxamento do isolamento social, os estágios são liberados. E pudemos voltar ao laboratório, um respiro dessa solidão e tédio. Somos seres humanos e precisamos do convívio social — essa troca de energia nos equilibra a alma. Com a volta do movimento no laboratório, percebi que os alunos também estavam sentindo a mesma coisa. Eles também vinham ao laboratório para estudar, conversar, fugir do tédio ou só sair de casa para tomar um ar.

Mesmo com máscara e álcool, já era um fio de esperança de que a normalidade poderia voltar. Ah, a máscara, esse pequeno pedaço de pano que nos limita a respiração, a fala e embaça nossa visão (quem usa óculos entenderá). Ela é nossa única proteção até o momento, mas como a odeio.

Vontade de arrancá-la sem demora, uma prisão, um símbolo materializado de que nossa liberdade foi roubada. Tenho várias histórias na minha cabeça sobre ela, em que ela é sempre a vilã. É minha vingança particular. Mesmo sabendo que é ela quem nos protege até que a vacina chegue a todos.

Então, para fugir do tédio, comecei a escrever histórias, essas que rodam na minha cabeça, como já citei. Fiz alguns poemas publicados por esta editora sobre a pandemia, e escrevi o conto *A máscara*. Então resolvi alçar voos maiores e comecei a escrever este texto, mas era uma ideia ousada, um livro inteiro. Então, numa conversa com os alunos no laboratório, comentei sobre este projeto. Eles quiseram saber mais, e começamos a nos reunir para discutir sobre personagens, fatos, histórias reais, livros e filmes.

Assim nasceu o Clube do Livro na vida real, mil estórias para o livro nascem nessas discussões, cenas, possibilidades, expressões e gírias. Discussões de várias horas sem nem sair para comer. Eu fiquei responsável por escolher o viés da história *A máscara e a orquídea*, é claro, mas durante a escrita situações e expressões foram discutidas em conjunto.

Criamos então este texto com pitadas de ciência, experimentos e, claro, um pouco de liberdade poética para criar essa aventura por pandemias, enchentes, novas bactérias, máscaras e orquídeas. Essas reuniões foram nossa diversão por um bom tempo. A imaginação nos dá a liberdade e a mobilidade que o vírus nos tomou tão inesperadamente.

Agora completando exatamente um ano, já temos vacina, que está chegando a passos de tartaruga, portanto ainda estamos trancados. Muitas pessoas nem acreditam na vacina, porque os pesquisadores conseguiram desenvolvê-la em menos de um ano, dizem que foi rápido demais. É novamente o descrédito à ciência brasileira. Temos excelentes pesquisadores que não recebem incentivo ou apoio (moral e monetário), então o que conseguem fazer é por amor e, entre mil outras coisas que precisam fazer para se sustentar, é claro que nesse cenário a pesquisa se torna morosa. Mas quando os pesquisadores estão motivados e têm um objetivo claro, tipo salvar a humanidade, como o que passamos, podem sim chegar rapidamente a um resultado positivo. Imagine se houvesse investimento na pesquisa, onde o Brasil poderia chegar — tivemos uma amostra clara nesse último ano.

As aventuras do Clube do Livro vêm muito com esse olhar de mostrar como a ciência e o conhecimento são maravilhosos. Parece que muitos se esqueceram. Então venha participar desta aventura com a gente. Esperamos que se divirta, como nós nos divertimos ao criá-la.

Estamos trabalhando em novas aventuras. Você vai perceber tópicos que ficam sem explicação, abrindo caminhos para as próximas aventuras.

Então, se gostar, aguarde que em breve teremos novidades!!!

Heloisa Regina Turatti Silva

SUMÁRIO

PRÓLOGO
Santa Catarina/Brasil 15

1
Manaus, Amazônia/Brasil 17

2
Santa Catarina/Brasil – 1 ano depois 23

3
Em outra sala 33

4
Dia 1 41

5
Dia 2 55

6
Dia 3 67

7
Dia 4 79

8
Dia 5 89

9
Dias depois 97

EPÍLOGO 105

PRÓLOGO

Santa Catarina/Brasil

Os carros estão nos estacionamentos com água ainda pela metade dos pneus, árvores tombadas, entulhos por onde já está seco. Mas o sol brilha, não está mais chovendo, o meteorologista fala no rádio que as tempestades darão uma trégua. Isso traz a esperança de que as coisas vão se normalizar e poderemos voltar para casa em breve.

Aqui dentro, no segundo andar do prédio de engenharia da universidade, salas de aula cheias de pessoas desabrigadas, colchões espalhados por toda parte, onde antes havia carteiras. Roupas penduradas, caixas, sapatos, sacolas de plástico e crianças correndo e gritando por todo lado. Um cenário típico para a enchente que nos acometeu. Para as crianças, que não têm consciência do acontecido, parece que tudo é uma festa: elas correm, brincam e gritam.

Em uma das salas, usada como cozinha comunitária, há pessoas reunidas preparando o café e montando os kits de lanche para os desabrigados. Muito burburinho, falação. Um caos, típico de muitas pessoas reunidas.

De repente um grito desesperado, pessoas correndo vindo para as portas ver o que estava acontecendo. O grito se repetindo sem parar, cada vez mais alto e mais desesperado. Um estudante correndo na direção da cozinha, desesperado, as mãos na máscara, como se esta o estivesse sufocando. A máscara que tem o objetivo de protegê-lo desta pandemia em que estamos inseridos parece perder seus status de proteção.

O aluno cai em agonia e cólera no corredor, ele arranca desesperado a máscara de seu rosto, as pessoas olham para ele desesperadas. Gritos, olhos arregalados, mãos nas bocas protegidas pelas máscaras, mãos na cabeça, as pessoas pareciam não acreditar no que viam. O rosto do garoto, em carne viva, nervos e sangue aparentes, sua pele parece ter evaporado. O estudante se contorce no chão pela dor que parece ser insuportável. Seus olhos avermelhados e desesperados buscam por ajuda, mas a dor parece não o deixar raciocinar. As mulheres se desesperam e começam a gritar, ninguém sabe o que fazer, as crianças são puxadas para dentro das salas.

Um último grito gutural, que deixa a todos estarrecidos e atônitos, traz um silencio aterrador. O grito parou, o garoto imóvel dessa vez, um silêncio tenebroso invade o corredor. E o estudante já sem vida permanece ali, imóvel, envolto em uma poça de sangue, e a máscara ainda ali presa na sua mão fechada com pedaços de pele presos a ela.

1

Manaus. Amazônia/Brasil

Acordei, estou em um quarto de hotel em Manaus. Apesar do amanhecer abafado, vejo pela janela aberta que hoje não vai ter Sol, lá fora uma chuva torrencial, relâmpagos e trovões. Também, num estado de clima tropical, o que eu poderia esperar? Cada dia uma surpresa: chuva, calor, sol, calor, vento, calor. É, parece que o calor não é uma surpresa.

Observo as cortinas brancas dançarem ao movimento do vento. Uma linda dança orquestrada pela natureza. Me viro para o lado e admiro esse homem de pele queimada de Sol, braços enrijecidos pela malhação. Olho para seu rosto, sua barba rala que ao roçar meu corpo me arrepia dos pés à cabeça. Me lembro da noite passada, suas mãos grandes e ásperas sobre minha pele branca e macia me tirando o ar. O suor escorrendo por meu corpo nu nos lençóis brancos e amarrotados.

Organizo minha mente, senão não o deixo dormir, penso em outras coisas.

Penso o quanto sou agradecida por estas férias e por tudo que conquistei neste ano.

Foi um semestre exaustivo de trabalho na universidade em Santa Catarina, onde sou professora de Engenharia de Materiais. Desenvolvi muitos projetos de pesquisas importantes que, apesar de serem muito prazerosos, pois amo trabalhar com o desenvolvimento de novos materiais, me tomaram muito tempo e me deixaram exausta.

Além disso estou feliz, pois neste ano consegui criar, final-mente, o Clube do Livro com que há anos estava com vontade de trabalhar. Reuni um grupo de alunos para discutir ciências, literatura, arte, história, geografia, viagens, enfim: trabalhamos a vida de forma completa, já que na sala de aula é mais difícil trabalhar as teorias em aspecto tão amplo. Nas disciplinas, ficamos nas aplicações técnicas, apenas. No Clube do Livro conseguimos discutir a interação entre as diferentes áreas de saberes. Todos nós aprendemos muito com as experiências particulares de cada um.

Agora, nestas férias, mais uma conquista: finalmente consegui fazer a excursão Margaret Mee e Ilustrações. Já queria fazer esse passeio há tempos. Imagina estar na Mata Atlântica, escolher uma espécie de planta nativa no meio da floresta e aprender a desenhá-la, pintá-la, como Margaret Mee, essa maravilhosa ilustradora britânica, fez na década de 60 quando registrou centenas de espécies da Amazônia.

Ainda tem a professora, que é uma ilustradora maravilhosa, para nos ensinar e nos guiar nesse passeio maravilhoso. Ontem comecei a desenhar uma *trichocentrum fuscum*, uma orquídea pequena, não mais que três centímetros, mas lindíssima, presa a uma árvore, nessa paisagem de tirar o fôlego.

É claro que tem o pessoal na excursão que não veio para desenhar, como o senhor Alcides. Ele é biólogo de Campinas e veio só para conhecer a floresta e seus bichos peçonhentos e assustadores. Ele se encanta com todos. Eu não consigo nem chegar perto para ver esses bichos nojentos, aranhas, cobras, sapos, ainda bem que tem gosto para tudo. Ou o casal Jennifer e Osmar, recém-casados que vieram só para passear e curtir sua lua de mel. Todos os outros vieram para aprender a desenhar e pintar ou aprimorar suas técnicas. No meu caso, o desenho já é meu hobby, vim para aprender a trabalhar com a aquarela, técnica que alcança as cores mais incríveis para flores.

Então penso sobre o dia de hoje. Nosso guia avisou ontem que não seria possível sair com o barco e caminhar pela mata, porque a maré iria subir muito. Ainda bem que fiz contato com o Roberto e pudemos jantar. Eu o conheci há uns três anos em um congresso de biotecnologia, e ficamos muito amigos. E sempre nos falamos por mensagens. Imagina estar tão perto

A máscara e a orquídea

e nem ligar. Fiz o contato e aqui estou. E acabou sendo um reencontro bem interessante.

Então esse homem do meu lado olha para mim e com voz firme me diz:

— Bom dia, meu amor — meu corpo se aquece numa fração de segundo e me sinto como uma adolescente, toda derretida.

— Bom dia, Roberto, dormiu bem? Vamos tomar café?

— Sim — ele responde, e então começa e me beijar e me provocar novamente. E eu penso que estou de férias, e murmuro baixinho: — Férias...

Após o café da manhã, comento com Roberto que não terei saída com a excursão. Ele então me convida para conhecer a universidade onde ele trabalha. Ele é professor de Biotecnologia e está trabalhando com alteração genética de algumas plantas. Fico animada com a perspectiva de conhecer melhor esse projeto — adoro conhecer áreas diferentes das minhas. Isso amplia demais meu olhar de pesquisadora, não me limitando a apenas uma área, e isso enriquece minhas aulas, pois consigo mostrar interação e aplicação das diferentes teorias.

Chegando à universidade, ainda sob forte chuva, ele me conduz pelos compridos corredores da universidade, passando pelas salas vazias do campus, pois estamos no período de férias, e pelos diferentes laboratórios onde um entra e sai de alunos acontece, destoando de todo o resto dos corredores, pois a pesquisa não para nunca.

Então chegamos ao laboratório de biotecnologia vegetal, com várias bancadas repletas de tubos de ensaio e vidro com espécies vegetais dentro de um gel esbranquiçado, que eles chamam de ágar, que serve para nutrir as plantas, estas sendo iluminadas artificialmente, e seis alunos com seus jalecos brancos realizando anotações nas suas pranchetas. Do outro lado do laboratório, nas bancadas perto da parede, vejo vários equipamentos. Roberto me explica que são a estufa para cultura bacteriológica, a incubadora, a centrífuga para microtubos, o pHmetro — enfim, equipamentos usados para preparar e analisar as espécies estudadas.

Então esse homem com seus olhos negros que me seguem está agora com seu jaleco branco e me leva à sua mesa de trabalho, que fica do lado oposto à porta de entrada, de onde ele tem visão de tudo o que acontece nas diferentes bancadas de trabalho. Do lado esquerdo de sua mesa, próximo à parede, há três baias onde os estudantes ficam para fazer seus estudos ou anotações. Tem dois alunos ali sentados, escrevendo.

Roberto me explica que está trabalhando no melhoramento genético de uma orquídea, uma espécie de epífita típica da região que tem propriedades de rejuvenescimento, muito utilizada na indústria cosmética. Ela contém cálcio, ferro, magnésio e zinco, que melhoram a nutrição da pele e retardam o aparecimento de rugas e marcas de expressão. Na pesquisa, ele me explicou que busca melhorar esse efeito, introduzindo ao meio de nutrição dessas espécies uma mistura que contém Aloe Vera diluída e solidificada em ágar. A Aloe Vera tem efeito anti-inflamatório, cicatrizante e anestésico. O objetivo dele é buscar a cura para pessoas que tenham sofrido queimaduras ou ferimentos severos na pele. É um trabalho realmente lindo, ele me deixa orgulhosa dele e do tipo de pessoa que ele é, me causando mais interesse por ele.

Roberto me diz que já está conseguindo resultados positivos: suas investigações mostraram que as folhas já demonstram efeitos anti-inflamatórios em ensaios com ratos. Estão esperando a floração para realizar os testes. As espécies ainda estão dentro de tubos de ensaio.

Então, para minha surpresa, ele pede a um aluno ruivinho que estava sentado escrevendo que trouxesse um espécime. Ele então me deu de presente para eu trazer para casa.

— Não pensa que é de graça, gata — ele brincou comigo.

— Eu quero que você faça a ilustração botânica quando a orquídea abrir. No final da pesquisa quero escrever um livro com todos os resultados, e vou querer uma ilustração científica. E quero que você venha até aqui me entregar.

— Ora, mas que chantagista — dou um suspiro de falsa irritação. — Fazer o que, né? Terei que vir até aqui, então. Que sacrifícios não se faz pela ciência. — Nos olhamos intensamente durante esse gracejo, mas sem beijos, pois o laboratório estava cheio de alunos.

Então ele me explicou que, quando eu chegar em casa, devo colocá-la sob iluminação de 12 horas por dia. E quando as folhas tiverem crescido o suficiente para preencher o tubo de ensaio, eu devo tirá-la e colocá-la em um vaso com substrato para orquídea e mantê-la sempre úmida. Em um ano ela deve se abrir, e serei a primeira a registrá-la. Minha emoção não tem tamanho.

— Agora, sim, estou me sentindo uma desbravadora. — Gracejo novamente e ele, com seu grande sorriso, toca no meu braço levemente me arrepiando.

Ele também me orientou a borrifar uma substância líquida arroxeada, que ele me deu, uma vez por semana.

— E o que é essa substância? — eu questiono.

— Ah, isso é o segredo da pesquisa. Se eu te contar, vou ter que te matar.

— Nossa, que mistério. Me envolvi numa conspiração internacional.

— É só uma mistura especial que eu preparei para deixar a orquídea, digamos, melhor, mais eficiente. Pode confiar. Ela vai nos dar muitos bons frutos.

— Humm... Está bem. Estou louca para ler esse livro que você vai publicar.

Ele deu uma risada e me conduziu para conhecer toda a sua equipe. Além do ruivinho, tem mais dois meninos e três meninas, todos compenetrados em seus afazeres. Ele me mostrou todo o laboratório, e no final uma aluna, Grace, nos chamou para fazermos um lanche, pois ela tinha trazido tapioca com manteiga, um lanche delicioso, bem típico da região.

A equipe então me convidou para jantar em um restaurante típico, onde provei uma caldeirada de tambaqui, um peixe típico da região muito saboroso — o garçom me disse que é o peixe mais gostoso do mundo. É só uma pena que eu não goste muito de peixe. Mas o jantar estava realmente delicioso.

Após o jantar, deixamos os alunos curtindo a noite. Eu e Roberto voltamos ao hotel e a noite se seguiu, digamos, muito intensa. Ainda bem que não precisamos dormir nas férias.

Ainda tive mais três dias de férias, mas tive uma escolha difícil a fazer. Tive que decidir entre ficar passeando e desenhando pela Floresta Amazônica, com suas paisagens exuberantes e animais incríveis, ou conhecer Manaus, tendo como guia esse moreno maravilhoso que me prometeu atenção total, com seu tórax exuberante e seus cabelos castanhos incríveis. Enfim, imagine qual foi minha escolha.

Ao final desses três dias, é hora de voltar para casa, para minha realidade. Mas levo na mala essa novidade, a orquídea. Estou ansiosa para contar ao Clube do Livro, eles vão pirar e querer me ajudar no cultivo. E deixo meu moreno com a certeza de que volto em no máximo um ano.

2

Santa Catarina/Brasil

1 ano depois

É junho, final do semestre letivo, mas estamos em plena pandemia, por causa da Covid-19. Um vírus mortal invadiu o mundo inteiro, e infelizmente os médicos não entendem ainda que vírus é esse ou como lidar com ele. E sem vacina, ainda, a única saída é cancelar todas as atividades e ficar em isolamento social, então as aulas foram on-line neste semestre. Mas, agora em junho, finalzinho do semestre letivo, recebemos liberação para voltar às atividades de pesquisa e estágio. Ainda bem, porque temos muita pesquisa parada, e precisamos colocar tudo em dia para honrar os prazos das bolsas.

Chego de carro e observo que o campus está bem vazio. Só vejo movimento no prédio da saúde, eles também têm muitas atividades de pesquisa. Vejo o movimento dos acadêmicos na frente do prédio. O dia está bem ensolarado, parece janeiro, quando os dias são lindos e todos estão na praia de férias, e nós sempre enfurnados no laboratório, um prazer que poucos entendem.

Estaciono em frente ao prédio da Engenharia. Ao entrar se vê um grande saguão, com *puffs* pelo chão para os alunos se sentarem e terem seus momentos de interação. Hoje o saguão está vazio. Apesar de ainda ser período letivo, a pandemia nos limitou bastante os movimentos, e as interações estão suspensas até este momento louco se acabar. Uma pena, pois a interação nessa idade da formação é bem importante, gera o que a gente chama de "network", a rede de contatos que os seguirá por sua vida profissional. Mas, neste período atípico, está tudo suspenso. Precisamos trabalhar outras habilidades, mas é uma aprendizagem nova para nós, professores, também. Um novo mundo virtual que surgiu de um dia para o outro, e estamos tentando aprender e nos adaptar numa velocidade nunca antes experimentada. É o novo mundo que se instala, que pelo jeito veio para ficar. É claro que algumas vantagens vieram com ele: ter reuniões virtuais é muito mais prático, e evitar as horas intermináveis de trânsito é uma benção. Vamos esperar e ver como será esse novo mundo.

Ainda da porta é possível ver no final do saguão uma grande rampa que leva ao andar superior. E, do lado da rampa, uma grande porta de vidro, que leva ao prédio de trás, o prédio da Educação Física.

O jardim que fica entre esses dois prédios, com árvores e vegetação, é lindo, mas está descuidado em função da pandemia. Então é possível ver que as vegetações já estão fechando os caminhos de relaxamento que existem entre as árvores. Nesse jardim existe uma árvore centenária, na verdade ela é apenas um grande tronco que eu não sei se já não está morto, porque ela mesma não tem mais folhas ou flores, mas existe tanta vida nela que chega a ser inacreditável. Ela é abrigo para diferentes espécies de plantas, musgos, bromélias, orquídeas, enfim. O conjunto é lindo demais, e os pássaros amam ir e vir em torno dela e pousar nas pontas do que um dia foram seus frondosos troncos. Um exemplo vivo de como tudo tem seu propósito na vida. O pessoal dos cursos de Cinema e Jornalismo adora vir aqui e fazer fotos incríveis neste espaço.

Olhando para o fundo do saguão, saindo de uma das salas, vejo um professor que vem na minha direção.

— Bom dia, professora. Tudo bem? Como vão as pesquisas? — é o professor de fenômenos de calor e movimento, senhor José Dusch.

— Bom dia, professor Dusch. Vai tudo bem — ele sempre sondando como andam minhas pesquisas. De vez em quando ele aparece com pesquisas parecidas com as nossas. — O senhor já vai embora?

— Ah, sim, só vim buscar um livro. Vou trabalhar de casa. E vocês, já conseguiram algum resultado com a pesquisa da tinta?

— Ainda não, professor. Os alunos ainda estão aprendendo as técnicas de análise — eu nunca digo a verdade a ele, dou um sorriso amarelo e sigo em frente, caminhando a passos lentos. — Tenha um bom dia, professor.

Subo então a rampa. O laboratório e a minha sala são no andar superior. Chego à minha sala, que tem uma mesa no lado direito próximo à parede que uso para trabalhar. Há também uma estante, dessas abertas, de metal, para expor livros, e um armário do tipo arquivo com quatro gavetas de aço que possuem chaves para manter documentos mais importantes seguros. Há também uma mesa redonda no centro da sala para reuniões, onde três dos meus bolsistas, parte do Clube do Livro, estão reunidos.

Fazemos reuniões uma vez por mês no clube. A tarefa desta vez é ler o livro *Sangue e entranhas*, um livro sobre o início dos procedimentos médicos, que nos faz valorizar a importância do trabalho pioneiro e entender como as coisas na área da saúde evoluíram. Apesar de sermos um curso de Engenharia, e parecer que esse tema não tem nada a ver, o conhecimento e o respeito pela história da evolução da humanidade nos fazem seres melhores. Além disso, conhecimentos transversais podem trazer soluções inusitadas à resolução de problemas, como no caso da hipertermia magnética para combater o câncer. A hipertermia é um tratamento no qual o tumor é aquecido até cerca de 42 °C, para que as células cancerosas sejam "queimadas", mas células saudáveis são danificadas nesse procedimento. O conhecimento sobre a física de nanopartículas paramagnéticas foi a solução para resolver esse problema. A geração de um campo magnético externo faz com que as nanopartículas ingeridas, presas às células cancerosas, vibrem, realizando o aquecimento pontual e protegendo as células saudáveis. É a ciência vista de modo amplo e sem preconceitos, o trabalho em grupo trazendo soluções a partir de diferentes saberes.

Meus alunos, no momento, estão discutindo sobre o vírus e a pandemia. Quando entro na sala, Luiza, com seus longos cabelos castanhos sempre amarrados em um rabo de cavalo, é quem está dando sua opinião.

— ...é, mas se todos respeitassem o isolamento e usassem as máscaras, os números de mortes e internações não estariam subindo desse jeito. Só um pouco de cuidado e esses números não subiriam tanto — ela fala comendo um amendoim coberto de chocolate.

Philipi, com sua postura transgressora, está sentado invertido na cadeira, com seus joelhos por cima das costas da cadeira. Como ele acha essa posição confortável é um mistério para mim. Ele sempre faz o papel de advogado do diabo. E então se posiciona.

— Não sei, não, acho que esses números são uma jogada política. Veja bem quantos leitos de internação temos, já estávamos com as emergências lotadas antes da pandemia, então são poucos os leitos disponíveis para a Covid-19. Vamos pensar melhor nesses números da estatística, eles fazem mesmo sentido? Eu, na realidade, não conheço ninguém doente. E o governo parece não estar dando muita importância para a doença, então será que essa pandemia é de verdade mesmo?

André, com seus olhos vivazes e seu jeito sempre muito agradável, mas também muito debochado, diz ao amigo:

— Lá vem você com as teorias da conspiração de novo. Cara, a amiga da minha prima trabalha num hospital e diz que o movimento aumentou muito mesmo. Daqui a pouco vão ter que escolher quem vive e quem morre. Nós estamos numa situação muito séria.

André tem os cabelos castanhos, mas neste ano ele pintou a parte de cima, um tipo de franja arrepiada, de branco, uma nova moda entre a galera jovem. Eles estão sempre experimentando novos visuais.

Eu então interrompo:

— Boa tarde, meninos. Estão de conversa, é? Não têm que estudar? Ou não tem trabalho no laboratório hoje? E estão sem máscara por quê? — eu os repreendo porque a situação de contaminação do vírus está muito complicada.

Eles então se ajeitam e colocam as máscaras. Luiza guarda os amendoins no bolso do jaleco.

— O Kenzo já chegou? — eu continuo, e uma risada irrompe entre os três. Kenzo é o calouro da turma, um menino asiático, franzino, que tem os olhos assustados ainda. Normal para um calouro, ele entrou no grupo faz apenas um mês, e está completamente perdido.

— Sim, profe, mandamos ele ir no almoxarifado buscar 250 g de ácido clorídrico em pó e um metro de corrente alternada — disse Philipi.

Os três riem de se acabar.

— Calouro precisa aprender a ficar esperto, né, profe — respondeu André, rindo sem parar.

— Aff, jovens!!! De maldade com o calouro, hein? Venham, então, vocês começam a tarefa dele — saio na direção do laboratório rindo discretamente, lembrando da minha própria época de caloura, um tempo de muita saudade e aprendizagem. Eles vêm atrás de mim.

No laboratório encontramos Lívia, com seus grandes olhos azuis e cabelos louros amarrados por uma presilha. Está de jaleco, luvas e máscara, borrifando a solução roxa na orquídea.

O Clube do Livro adorou a ideia de cuidar da nova orquídea, principalmente porque ela foi alterada por biotecnologia. É uma espécie nova, e eles querem fazer testes depois que a flor se abrir. Nós discutimos em uma de nossas reuniões a importância das plantas na indústria cosmética. Então, eles estão empenhados e se revezam, cada um dos sete alunos, para cuidar da planta. A cada duas semanas um deles tem a tarefa de borrifar a solução e manter a quantidade diária de

Sol necessário. O Sol é um fator importante na floração das orquídeas. É claro que a planta já está fora do tubo de ensaio. Está em um vaso e já tem a haste com seis botões de flor que logo florescerão. Estão todos ansiosos para essa floração.

O laboratório, que também fica no segundo andar, mas no outro extremo do prédio em relação à minha sala, é um espaço tradicional para ensaios físico-químicos. No meio da sala há três longas bancadas com castelo (aquela prateleira superior no meio da bancada). Os castelos têm vidrarias e reagentes espalhados, e nas extremidades da sala há as bancadas com pias. No final da sala, em uma dessas bancadas, fica a orquídea, perto de uma janela para pegar Sol.

Esta é a semana da Lívia de cuidar da orquídea. Nas duas últimas semanas foi a Ana a encarregada dessa tarefa. Ana é a mais tranquila, doce e estudiosa do grupo, tem olhos castanhos e cabelos cacheados. Hoje ela não está no laboratório, parece que está doente.

Lívia quando me vê tira as luvas e passa álcool nas mãos antes de me cumprimentar com um soquinho. Agora todos estão de máscaras.

Após cumprimentá-la, iniciamos os ensaios da pesquisa. André e Philipi estão trabalhando na incorporação de nanotitânio em uma tinta acrílica. Vamos monitorar a energia gerada na fotocatálise quando ela é bombardeada com gás CO_2. Os resultados ainda são iniciais.

Já a Luiza e a Lívia vão realizar ensaios em outra linha de pesquisa que estamos desenvolvendo. Elas estão trabalhando no controle da porosidade de uma membrana polimérica. Elas já conseguiram o aspecto de pele. A ideia agora é abrir os poros para incorporar fármacos em sua estrutura, e isso irá funcionar como curativo posteriormente. Curativos quase invisíveis. Já temos parceria com o laboratório de farmacologia para realizar os testes com o fármaco.

Dou as tarefas a cada um e deixo uma tarefa ao calouro, para eles repassarem, então volto à minha sala para trabalhar em um artigo sobre o concreto alterado com casca de ostra e de marisco, trabalho desenvolvido pela Ana e pelo Carlos. Agora preciso fechar esse artigo para realizar a publicação em uma revista de alto conceito científico.

Os alunos ficam no laboratório trabalhando, quando chega Kenzo furioso e bufando.

— Aquelas coisas não existem — ele está todo suado da caminhada, pois o almoxarifado é longe e o Sol está a pino, e ele está muito irritado. Os colegas riem a valer e ele reclama, bufando: — Kenzo não gostou da brincadeira.

— Relaxa, Kenzo, você passou na iniciação — falou André, dando um abraço no amigo.

— Kenzo, na minha iniciação — falou Lívia — eu tive que lavar 350 tubos de ensaio, e o pior é que eles estavam limpos. Ahahah.

— Vem cá, calouro, vou te mostrar um jogo novo — Philipi chama Kenzo.

— Aff, agora não — reclama Luiza, toda irritada. — Temos trabalho a fazer. Philipi, prepara a porcaria da solução de uma vez que eu tô esperando.

— Sim, chefona — Philipi fala enquanto olha para Kenzo e faz um trejeito com a boca imitando a reclamação de Luiza. — Vem, Kenzo, vou te ensinar a fazer a solução da Rainha Master mal-humorada do laboratório.

— Eu tô ouvindo, hein? Quero terminar logo esse ensaio pra ir estudar.

Kenzo finalmente sorri e segue Philipi.

Lívia, que estava anotando alguns procedimentos no caderno perto da capela, pergunta ao calouro:

— De onde você é, Kenzo?

— Minha família é de Tóquio, no Japão. Eles vieram para cá quando eu tinha 2 anos — ele abaixa a cabeça como se estivesse envergonhado. — Quando eu me formar engenheiro químico, vou voltar para minha terra.

— Que legal, Kenzo, e tem indústrias químicas lá?

— Tem sim, meu tio trabalha em uma, ele vai me avisar quando tiver vaga.

— Já eu quero ir para São Paulo trabalhar em alguma multinacional — fala Lívia.

Philipi termina de preparar a solução na capela e a coloca em um frasco de vidro âmbar, o último vazio disponível.

— Kenzo, entrega pra chefona — ele pisca para o amigo, como se debochando de Luiza.

— Sim, pra já — Kenzo faz um meneio com a cabeça positivamente.

— Japa, depois volta aqui que eu quero te mostrar o novo jogo que eu te falei.

Kenzo então entrega o frasco a Luiza e volta, sentando--se ao lado de Philipi em frente ao computador. Ele abaixa um pouco a máscara.

— Que coceira que essa máscara me dá — ele fala coçando a bochecha perto da boca.

— Também não aguento, Japa, é um saco. Tomara que essa pandemia acabe logo. Cara, eu li um conto sobre a máscara na internet onde dizia que a máscara era portadora de um novo vírus que comia carne humana. Hahaha. E a máscara ficava grudada na cara. Nojento. Fiquei noiado com isso. Hahaha.

— Ui, que horror... hahaha onde eu leio esse conto?

E os dois riem juntos, e enfim se concentram no jogo.

Luiza perto da pia olha para eles e bufa falando com André.

— Eles vão passar o dia jogando, é? Não têm que estudar?

— Calma, hahaha. Sabes que o Philipi não precisa estudar. Ele sempre vai bem nas provas.

— Dá até raiva, né. Eu tenho que me acabar estudando.

— Então, e o Japa é calouro, ainda não tá ligado que precisa estudar. Hahaha.

— Hahaha verdade, André. Deixa ele começar a levar ferro nas avaliações. Isso aqui não é segundo grau.

3

Em outra sala

Quando chego à minha sala e olho na minha mesa, percebo que as minhas anotações não estão mais ali.

— Será que guardei em algum outro lugar? Dentro de algum livro, talvez? — falo comigo mesma em voz alta enquanto procuro por toda a sala. — Será que algum dos meninos pegou? — resolvo voltar ao laboratório para perguntar aos alunos.

— Pessoal, alguém pegou minhas anotações sobre a tinta que estava em cima da minha mesa? — Todos me olham e balançam a cabeça indicando que não viram.

— Mas, profe, eu lembro que a senhora fotografou ontem antes de sair — diz André.

— Ah, é mesmo! Fotografei com o meu celular, mas que é estranho é, né, gente? — eu fico intrigada. — Meninos, mudando de assunto, a visita à fábrica de azulejos amanhã está confirmada. Não esqueçam de levar os atestados de Covid-19 negativados. Eu levo o álcool em gel para garantir, e levem suas máscaras. Duas, pelo menos. Vamos nos encontrar lá direto às 9h da manhã.

— Nem precisa, profe, na minha bolsa tem álcool em litro — falou Lívia.

— Ahahah a Lívia vai tomar banho de álcool para ir na fábrica — brincou Luiza.

Dou uma risada e, olhando para Luiza, me lembro.

— Luiza, aquela irritação no seu braço melhorou? — eu pergunto.

— Sim, melhorei. Usei aquele antialérgico que a profe indicou.

Essa mesma irritação eu tive no mês passado. E esse antialérgico me ajudou, mas ainda tenho o antebraço manchado de pintinhas vermelhas. Não descobri o que me deu.

— Deve ser algo aqui do laboratório, já que você está com a mesma irritação.

— Profe, a Ana tá com uma irritação também, mas é na garganta e avisou que não irá vir hoje e nem vai na visita amanhã. Ela disse que não é gripe, que o médico ainda está investigando.

Lívia se agita.

— Aposto que pegou o vírus, ela não tá usando máscara o tempo todo.

— Ela pediu se a senhora não tem um artigo para ela ler enquanto tá em casa — completou Luiza.

— Essa menina precisa descansar. Estudar é bom, mas sem exagero — eu comento. — Não vou mandar artigo, não.

— Ah, profe, o moço do almoxarifado trouxe esse pacote — Lívia me entregou o pequeno embrulho.

— Olha que bom, chegou. Vocês vão adorar, é uma lanterna de luz ultravioleta. Quero preparar uma aula de espectroscopia de luz UV–visível, daí mostro o efeito da radiação em algumas coisas.

— Deixa eu ver, profe — me pede Philipi, levantando rápido de sua cadeira e vindo em minha direção.

— Sim, pode ver. Faz assim, alguém tem água tônica aí? — André traz da salinha contígua ao laboratório, onde há uma geladeira de uso comum para as pessoas.

Uso uma caixa que eu já tinha preparado para ser ambiente escuro para as aulas. Coloco a água tônica em um béquer e este na caixa. Então aponto a lanterna para a água, e ela fica fluorescente.

— Uau, profe — Philipi arregala os olhos, todo animado.

— Como isso acontece, profe? — questiona Kenzo, piscando seus olhinhos curiosos.

— A água tônica tem quinino. É uma molécula orgânica, que reage a esta radiação. Ela absorve a radiação UV e emite no visível, por isso vemos essa luminescência.

— Deixa eu testar em outras coisas, profe — pede o curioso Philipi.

— Claro, testem as notas de dinheiro para ver também. Quando acabarem de se divertir, deixa na minha gaveta.

— Ok, profe. Vem, Japa, vamos, abre tua mochila aí para a gente testar em tudo.

— Xiii, profe, a senhora não vai mais ver essa lanterna — brinca André.

— Profe, trouxeram os extintores hoje também — comenta Luiza. — Já colocaram em todos os laboratórios e nos corredores.

— Ah, que coisa boa. Demoraram dessa vez — o prédio tem três laboratórios, então é importante a segurança. — Vou pra minha sala, qualquer coisa gritem.

No outro dia, pela manhã, encontro minha equipe quase completa no estacionamento da fábrica de azulejo, além de outros alunos de outras fases. Somente a Ana não vem hoje, porque está de atestado. Espero que tenha tirado o dia para descansar.

Quando vou estacionar, eles se agitam e gesticulam para mim. Fazem um sinal de giro, de círculo, que eu não entendo. Então paro o carro e o Carlos, membro do Clube do Livro também, com seu jeito bonachão, e um pouco acima do peso, veio em minha direção, puxando sua camiseta para baixo, para me explicar que ali é para estacionar de ré.

Está escrito em várias placas distribuídas pelo estacionamento. Então estaciono corretamente e os vejo no mesmo movimento quando outro colega chega, e estão se divertindo a valer com isso.

Carlos ainda está perto do meu carro e pede para levar meu material.

— Carlos, tá precisando de nota, é? Puxa-saco — provoca Philipi, zoando com o amigo. Carlos fica com suas grandes bochechas avermelhadas e franze o cenho.

— Ah, vai cuidar da sua vida.

— Não precisa, Carlos — eu respondo. — Não vou levar nada. Não é adequado na fábrica.

— Mas a profe nem precisa de material mesmo, sabe tudo sobre tudo de cabeça — ele fala me bajulando, e caminha ao meu lado, me seguindo.

Esperamos todos chegarem. Os alunos estão muito animados para conhecer a fábrica.

— Gente, respeitem as regras dentro da fábrica — eu oriento. — Luiza, nada de amendoim na visita.

— Sim, profe — ela guarda o pacotinho na bolsa.

— Lívia, para de usar álcool, tu vai pegar fogo perto do forno. Hahaha — Philipi zoa com a amiga.

Ela nem dá bola e se enche de álcool para se proteger do vírus.

Depois, na recepção, entendo que estacionar de ré faz parte do "plano de evacuação de área de empresa" do projeto do corpo de bombeiros em suas instruções técnicas. Faz total sentido, no final das contas.

— Bem, futuros engenheiros químicos — tenho o grupo do laboratório e alunos de outras fases, totalizando quase 15 alunos —, vamos começar nossa visita à fábrica. Aproveitem para perguntar muito aos guias — eles torcem o nariz para minha orientação. Ainda não entendem plenamente a importância de aproveitar uma visita como esta.

Depois do vídeo sobre a origem da fábrica, o grupo passa por todos os setores, desde a recepção de matéria-prima até a cominuição dos pós em moinhos de bolas gigantes. Os alunos ficam encantados com o tamanho do moedor. Nós compramos um moinho de bolas em tamanho reduzido para exemplificar o funcionamento na disciplina de operações unitárias, então eles se reconhecem naquele ambiente. Eles também sentem os pós nas narinas e o calor gerado pelos equipamentos em funcionamento. É uma oportunidade única de eles entenderem o que vão enfrentar em suas vidas profissionais.

Sobre realizar perguntas aos guias, a Lívia, no final das contas, entende e pergunta até demais, deixando o guia quase irritado.

— Lívia, larga do pé do guia, deixa de ser chata — fala Luiza impaciente. — Deixa ele continuar a explicação.

No setor de moldagem dos azulejos, no tanque de descarte das peças quebradas, eles pedem ao guia um pedacinho para levar de lembrança. Todos ganham seu pedacinho de azulejo só prensado, sem queima ainda. Uma peça frágil que não vai chegar ao fim do dia, mas o fato de cada um ter o seu os deixa felizes e orgulhosos.

Quando chegamos ao setor de fornos, o calor é insuportável. André pergunta para Philipi se ele acha que os fornos funcionam com gás natural ou carvão.

— Eu não sei, "*friend*", pergunta pro guia.

— Eu não. Pergunta você, vai — pede André com rubor nas bochechas, que não são gerados pelo calor dos fornos.

Philipi então pergunta ao guia sobre o funcionamento do forno industrial, e sacia a curiosidade do amigo.

Terminamos a visita no *show room* da fábrica, para conhecer todo o material que eles vendem. Vejo alguns alunos discutindo e comparando a teoria tratada em sala com o que eles viram na indústria. O que era igual e o que era diferente do que foi ministrado nas disciplinas. Vejo outros sonhando com qual azulejo colocarão em suas próprias casas quando forem engenheiros "ricos e famosos". Acho que faz parte do processo.

Reúno o grupo na saída.

— Ok, gostaram, pessoal? Agora quero um relatório sobre tudo o que viram, para me entregar na semana que vem. Expliquem as etapas de processo e detalhes que vocês viram, usando normas da ABNT para a formatação, é claro. Bem, podemos ir embora agora. Alguém precisa de carona? Não? — todos acenaram negativamente. — Certo, nos vemos no campus.

Terminando a visita, voltamos ao laboratório. Ainda temos muito a fazer, e alguns deles têm aula ainda.

Quando chegamos ao *hall* do prédio da Engenharia, perto dos *puffs*, o grupo encontra uma caixa de papelão com três filhotinhos de cachorro dentro. Todos se encantam com os bichinhos. Luiza diz que eles não devem ter mais que uma semana e pega um no colo:

— Oin, oi, bebê. Cadê sua mamãe? — Luiza olha em volta procurando a mãe dos cachorrinhos. — Vamos levar pro laboratório, pessoal, podemos dar água a eles. Acho que temos uma garrafa de leite na geladeira. Você pega pra nós, Carlos? — todos sobem animados.

Ana estava no laboratório quando eles entraram. Ela vê a movimentação e vem ver o que tem dentro da caixa. Quando Carlos chega com o leite, ela comenta:

— Acho que não deveríamos dar esse leite pra eles. Talvez não tenha todos os nutrientes que teria se fosse da mãe deles. Não sei, tem muita química no nosso leite.

— Mas eles estão com fome, depois vemos algo melhor, Ana — ponderou André. — Vamos dar uma amornada no leite antes, Carlos.

Todos preocupados com os filhotinhos e derretidos também, me pediram para deixá-los dentro da caixa num canto do laboratório até eles acharem um lugar definitivo para eles ficarem. Eu concordei, mas pedi para agilizar — o laboratório não é lugar para os bichinhos.

— Eu ajudo a cuidar, profe — fala Kenzo, animado, se ajoelhando perto da caixa que ficou no fundo do laboratório.

— Japa, vamos ver eles na radiação UV? — pergunta Philipi, todo animado. — Vou pegar a lanterna.

— Este prédio tá com muito bicho, profe — comenta Ana.
— Primeiro foi a cobra descansando nos *puffs* do *hall* de entrada. As faxineiras piraram, profe, tava até engraçado — contou Ana sobre o agito ocorrido mais cedo no prédio.

— Credo — Luiza ficou agitada. — Pegaram ela? Odeio cobra, será que é venenosa?

— Não pegaram, ela foi mais rápida. E fugiu para o jardim coberto atrás do prédio. O tipo de cobra não sei dizer.

— Nunca mais vou sentar naqueles *puffs* — prometeu Luiza. — Tô toda arrepiada. Nossa, ela podia ter comido os cachorrinhos que estavam lá mais cedo.

— Hahaha eu, hein, cobra não come cachorro — comenta André —, e devia ser só uma cobra caninana. Nem faz mal nenhum.

— Eu não sei que tipo era, mas as faxineiras ficaram bem agitadas hahaha.

— Ana, você não está de atestado? O que está fazendo aqui? — eu perguntei.

— Profe, eu precisei vir, tenho prova na semana que vem e preciso estudar, mas não consigo me concentrar em casa com meu irmão me incomodando — Ana dá uma tossida de leve.

— Mas você tá com o vírus, vai passar para nós — gritou Lívia, desesperada.

— Não é Covid-19, Lívia, isso é certeza. É só uma irritação alérgica na garganta, o doutor falou.

Lívia ficou desconfiada e tirou o frasquinho de álcool da bolsa para passar novamente.

— Ok, mas não tira a máscara. E eu não quero cuidar dos cachorros, vai que estão doentes.

— Mas Ana, seria importante você descansar hoje. Não precisa estudar o tempo todo, sabia? Sua saúde vem sempre em primeiro lugar.

— Não, profe, preciso estudar.

— Profe, eu e o Philipi temos aula de natação agora, antes da aula de fenômenos de transporte de calor e massa — falou André.

— Ok, podem ir.

Nosso prédio tem a passagem coberta que leva ao prédio do Centro de Desportos. Eles dois saem, então, se provocando.

— Eu desta vez vou fazer 1 300 metros, você vai ver — falou Philipi.

— Eu já consegui essa meta semana passada. Vou tentar 1 350 metros hoje, tô bem animado — respondeu André.

— Ráá, duvido. Quero só ver se você consegue. Hei, vamos fazer competição de quem fica debaixo d'água por mais tempo.

— Vamos, quero ver quanto você consegue. Semana passada eu fiz um minuto e vinte segundos.

Eu fico ouvindo eles falarem enquanto saem do laboratório. Lembro das minhas aulas de natação. Da tranquilidade e do silêncio que a gente alcança debaixo d'água naquele azul profundo e relaxante. A natação exige um nível de concentração que nos leva a uma introspecção, um mergulho no nosso inconsciente, uma percepção dos movimentos do nosso corpo, é quase uma meditação. Pequenas mudanças no ângulo das mãos ou dos pés interferem na velocidade ou na direção do movimento — é física pura e aplicada. E, no final, penso que preciso voltar às aulas de natação. Fazem muito bem para a minha concentração.

Me viro para Ana e a repreendo novamente:

— Ana, vai para casa agora, para descansar, hein. Amanhã você volta renovada, daí pode estudar à vontade.

4

Dia I

Hoje temos atividade no laboratório novamente, temos ensaios experimentais a fazer. Infelizmente o tempo está muito feio, o céu está cinza e as nuvens grossas, indicando que o dia será chuvoso. A Defesa Civil não para de enviar avisos de chuvas intensas em nossa região.

Quando chego ao laboratório, Luiza, Philipi, André, Carlos e Lívia já estão trabalhando.

— Droga — disse Luiza na pia, com as luvas de borracha amarela cheias de espuma —, essa meleca orgânica tá grudada no béquer. Não consigo limpar, não tem jeito de sair.

— Usa solução piranha para limpar — sugeriu André —, vai sair tudinho.

— Solução piranha? — perguntou com desconfiança o calouro. — Tão zoando de novo com o Kenzo, não é? Não vou acreditar.

— Pior que não, calouro medroso hahaha. Esse é de verdade, tu acha até em inglês no Google, "piranha solution" — falou Philipi num inglês todo estilizado, fazendo biquinho. Todos deram risada da careta que ele fez.

— Sim, Kenzo, é uma solução de ácido sulfúrico com peróxido de hidrogênio. Ela ataca tudo que é orgânico, desaparecendo com a matéria. O ácido sulfúrico separa hidrogênio e oxigênio das moléculas orgânicas, formando água na forma de vapor, geralmente, ficando somente o carbono, que acaba sendo consumido pelo oxigênio excedente do peróxido de hidrogênio (H_2O_2), saindo na forma de gás CO_2 — explicou André.

— Cara, é muito legal, é igual jogar carne para piranha, consome tudinho. Outro dia ficamos testando com várias coisas. Jogamos algodão, pão, até um pedacinho da minha borracha eu coloquei — confirmou Philipi. — Desaparece tudo.

— Eu joguei um pedaço de concreto — falou Carlos —, mas não funcionou.

— Claro que não, Carlos, concreto não é orgânico para degradar — respondeu André.

Eu, ouvindo na porta, entro e os repreendo.

— Mas não é para brincar com a solução piranha, ela é perigosa. Usem os EPIs de segurança.

Lívia, que está no fundo da sala tratando a orquídea, olha para a caixa dos cachorrinhos deixada no chão, ali perto dela. Ela então reclama:

— Ah, Kenzo, olha essa máscara nojenta dentro da caixa dos cachorrinhos, vai infectar eles.

— Kenzo não deixou máscara na caixa, não. Ela já estava aí quando cheguei.

— Quem deixou isso aí, então?

— Lívia, acho que os cachorros não pegam o vírus, a Covid-19 não é transmissível para animais, eu acho — comentou André.

Logo depois de mim, chega Ana. Estou com a equipe completa hoje.

— Oi, Ana, estais melhor? — eu pergunto.

— Sim, profe, o médico me deu uns antibióticos, e eu já estou melhor. Vou fazer minhas tarefas bem rapidinho porque quero estudar um pouco depois.

— Que exagero, Ana, a prova é só semana que vem — comenta Carlos, puxando sua camiseta para baixo com seus dedos roliços.

— Olha, profe — disse Luiza toda animada. — Nossa orquí-dea, está abrindo um botão. Começou a floração, finalmente.

— Ah, que coisa maravilhosa! Que linda. Quem tá cuidando essa semana?

Philipi comentou:

— É a Lívia, profe.

— Lívia, então só cuida de não borrifar os nutrientes direto na flor, só nas folhas e raízes. Mas mantém o mesmo Sol — então me viro para o calouro. — Kenzo, vai no almoxarifado pegar mais duas caixas de máscaras e mais uma de luvas tamanho G, e traz pro laboratório, e depois vai na minha sala que eu quero te passar uns artigos para você ler. Vai rapidinho que já vai começar a chover.

— Sim, profe. Pra já — e ele sai rapidinho.

Eu, então, volto para minha sala para trabalhar, e aguardo Kenzo para fazer as orientações.

Carlos vai ver os cachorrinhos e fica com olhar estranho parado na frente da caixa. Pega um deles e chama os colegas.

— Pessoal, olha aqui! Parece que os cachorrinhos não estão bem. Eles estão estranhos, parece que não conseguem se mexer.

— Eu falei que eles iam ficar doentes, não falei? — falou Lívia, passando álcool em gel nas mãos novamente e saindo de perto.

— Vamos passar no pet shop e pegar alguma vitamina — responde André.

Mas não dá tempo para isso, a chuva começa com força. Eles ficam olhando a tempestade pelas janelas do laboratório. Kenzo entra na sala todo encharcado, as caixas de máscaras e luvas também molhadas, e as joga sobre a bancada.

— Eita, Calouro, tomou um banho, hein — observou Luiza.

— Tem uns panos ali na gaveta de baixo, você pode se secar.

— Nossa, tá caindo o mundo. E foi muito rápido — ele fala com a toalha na mão, secando a orelha.

— Kenzo, olha isso aqui. Os cachorrinhos tão muito parados, você não acha? — fala Carlos preocupado.

— Eles devem estar dormindo — fala Kenzo, secando o corpo e os cabelos. — Agora com as trovoadas vão acordar.

— Será? Vou ficar de olho.

Ele deixa as toalhas estendidas na pia para secar e, coçando o rosto por cima da máscara, se vira para Livia.

— Livia, lembra que outro dia estávamos falando sobre *tsuru*?

— Sim.

— Ontem falei com minha vó por videochamada e ela me ensinou a fazer a dobradura. Trouxe um pra você.

— O que é *tsuru*? — pergunta Ana, levantando os olhos do livro.

— É um tipo de origami, um pássaro feito de papel dobrado, e na minha cultura simboliza saúde, sorte, felicidade e fortuna. Minha vó faz sempre que tem festas para dar a todos os convidados.

— Ah, que legal. Você me ensina a fazer a dobradura também? — respondeu Livia.

— Sim, é bem fácil.

— Ah, eu quero é um pássaro para mim também — falou Ana num tom animado. — Mas não vou aprender agora, tenho que estudar.

— Sim — Kenzo meneia positivamente a cabeça. — Kenzo trouxe um para cada um do grupo.

— Eu também ganho? — se animou Philipi. — Quero aprender também.

— Eu não tô a fim de aprender, não tenho nenhuma habilidade manual, e tô muito ocupado. Mas quero um pra mim, gosto da parte da fortuna — fala Carlos esfregando as mãos, animado. E fica jogando uma garrafinha de água na mesa para ver se ela cai em pé. E comemorando cada vez que acerta. Luiza olha ele brincando e só levanta os olhos em desaprovação.

Kenzo entrega os pássaros para cada um, e os dois interessados, Lívia e Philipi, ficam ali fazendo a dobradura com ele, enquanto a chuva cai bem forte do lado de fora.

Os estudantes ficam por um tempo ouvindo o vento forte e a chuva torrencial que se instala e se encolhendo cada vez que um trovão irrompe no ar. Quando Carlos se aproxima da janela, percebe que a chuva rapidamente começa a alagar o estacionamento, e o vento, com sua fúria, dobra as árvores em ângulos inacreditáveis.

— Gente, olha o estacionamento, tá alagado — observa Carlos. — Nós vamos acabar ficando presos aqui.

Luiza estava na primeira bancada olhando para seu celular, então comenta com o pessoal sobre os estragos da chuva:

— Gente, pior que o Carlos tá certo. Lá em casa o vento quebrou os vidros da janela, meu namorado disse que está alagando tudo muito rápido. Acho que vou para casa ajudar.

— Cara, melhor esperar a chuva aliviar. Aqui diz que um posto de gasolina perdeu todo o telhado — diz André checando as notícias nas redes sociais. — Parece que a coisa é séria, melhor esperarmos.

Ninguém mais trabalha naquele momento, ficam todos olhando pelas janelas e buscando notícias nas redes sociais. A energia é então cortada e as lâmpadas de segurança são acionadas. O laboratório fica escuro, deixando a atmosfera ainda mais tensa. Raios e trovões, com todo seu barulho, estão presentes para assustar os acadêmicos. Como se não fosse o suficiente, o assovio do vento parecia testar os nervos da turma.

Com tudo aquilo, Ana começa a chorar, pois tem muito medo do que está acontecendo. E diz que vai para casa. Luiza a abraça e diz para ela ficar calma.

Depois de uma meia hora a iluminação é restabelecida.

— Ufa!!! Gente, vamos voltar ao trabalho — fala André. — Logo essa chuva deve passar.

— Eu tô sem condições de estudar — conclui Ana, se retesando sob um novo trovão.

— Vem, Ana, tem vidraria para lavar, vamos nos distrair — fala Luiza, conduzindo a amiga.

— Vou fazer a solução piranha para vocês, então — fala Philipi. — Japa, quer aprender?

— Quero sim.

— Eu vou colocar esse papel picado, que sobrou do exercício de origami, na solução piranha para ver o que acontece — se animou Carlos, pegando os papéis picados sobre a bancada.

Ficam os três então preparando a solução na capela.

Os minutos passam e a chuva não cede espaço para a calmaria. Os relâmpagos e trovões até se acalmam, mas a chuva não cede.

Todos fazem contato com suas casas. André conversa com seu namorado, e descobre que ele está ilhado no edifício onde mora, pois a água não para de subir. E pede para que ele não volte para casa ainda. O vento canta nas frestas da janela, deixando o clima mais aterrador. Ana já está mais calma, fala com sua mãe e descobre que a casa dela inundou. Sua mãe e irmão estão tentando suspender os móveis o mais alto possível para tentar salvar alguma coisa. E então ela volta a chorar novamente.

Quando volto ao laboratório, estão todos tensos olhando pela janela. Eu trago notícias.

— Pessoal, vamos ter que ficar algum tempo por aqui até que a tempestade acalme e as águas baixem. Tá tudo alagado e tem muito entulho pelas ruas. A Defesa Civil avisou que é alerta máximo, que a chuva não dará trégua tão cedo. Recebemos orientação do reitor para manter todos aqui por enquanto. Façam contato com suas famílias e digam que vocês estão bem, que vamos aguardar por aqui. Se precisarem de abrigo, digam que venham todos para cá. Se conseguirem, claro.

No segundo andar do prédio que tem o formato de mezanino, além dos laboratórios ficam algumas salas de aula. Do guarda-corpo é possível ver o saguão do primeiro andar, onde há mais salas de aulas, além da rampa e da escada que dão acessos ao segundo andar. Vemos algumas pessoas paradas em frente à porta, que vieram buscar abrigo da chuva forte, e estão paradas olhando para fora do prédio. E vemos mais pessoas da vizinhança chegando buscando abrigo.

O dia vai passando e a chuva não dá trégua. No saguão várias pessoas da vizinhança já estão por ali, trazendo as coisas que conseguiram salvar de suas casas. Nosso prédio fica no alto de uma colina, por isso a água não chega tão fácil.

Os relatos são assustadores. As casas encheram rapidamente, os móveis ficaram debaixo d'água. Familiares que se perderam uns dos outros. Paredes das casas que caíram, deslizamentos.

— Parece que vamos ter que passar a noite por aqui, pessoal — eu concluo, olhando as pessoas encharcadas no andar de baixo.

— Profe, eu já passei por uma enchente, será que não podemos pegar os colchonetes e tatames das salas de Educação Física? — comenta Luiza. — Daí conseguimos acomodar as pessoas nas salas de aula.

O jardim que interliga o prédio da Educação Física ao da Engenharia é coberto, então seria fácil trazer os colchonetes.

— Sim, boa ideia, Luiza. Pessoal, coloquem as máscaras novas, não esqueçam que ainda estamos no meio de uma pandemia. Peguem mais algumas pessoas lá de baixo e vamos agilizar isso. Eu vou para minha sala fazer algumas ligações para ver se consigo comida.

— Eu posso ajudar a profe — falou Carlos.

— Não, Carlos, você e a Lívia começam a abrir espaço nas salas de aula, afastando as carteiras.

— Tudo o que a senhora pedir.

Então o grupo saiu, determinado com suas tarefas. Parte do Clube do Livro que foi buscar os colchonetes, quando desceu a rampa, levou mais algumas pessoas que estavam paradas olhando a porta, para ajudar.

Carlos e Lívia, que ficaram, começaram a arrastar as carteiras para os cantos da sala. Com o barulho, algumas pessoas do andar de baixo subiram e entenderam o que estava acontecendo, e decidiram ajudar. Rapidamente todos juntos acomodaram as carteiras e cadeiras próximas às paredes, para abrir espaço para os colchonetes em umas quatro salas de aula.

O pessoal então voltou com os colchonetes e tatames. As pessoas que estavam no prédio da Educação Física vieram também. Na passagem, pegaram os *puffs* também.

— Gente, vamos acomodar tudo nas salas no segundo andar — falou André. Todos se agilizaram para, nas salas de aula, acomodar os colchonetes, deixando o mais confortável possível.

Mais famílias vinham chegando ao prédio, algumas já com suas coisas. Algumas trouxeram até colchões, ou ainda caixas, sacolas, utensílios de cozinha. O grupo orientou que todos se acomodassem nas salas do piso superior.

Lívia conduziu uma mãe, chamada Patrícia, e sua filha de 5 anos, Jane, e as levou a uma sala de aula. Patrícia era uma mulher de 48 anos, cabelos castanhos começando a ficarem grisalhos e um olhar desmotivado, demonstrando que o ano foi muito difícil. Ela trazia sua filha de mãos dadas tão firme que a menina reclamava, tão grande era o medo de perder a menina. Elas tinham trazido apenas algumas peças de roupa em um saco plástico grande.

Philipi falou com um senhorzinho com olhos pequenos e calmos e apontou a ele uma sala onde poderia se acomodar. Era o senhor Santos, quase 80 anos, que andando vagarosamente se dirigiu à sala.

André conversou com uma família, um casal com dois filhos, e indicou uma sala para eles. O marido, chamado Jorge, um homem alto e magro com pele parda, estava com seu filho Antônio de 6 anos no colo. A mulher, chamada Mariana, de cabelos castanhos claros e olhos azuis, trazia de mãos dadas seu filho primogênito Luiz, de 9 anos.

Mais algumas pessoas foram se acomodando em outra sala. O Clube do Livro as foi orientando e organizando.

Quando voltei, o movimento no piso superior estava grande, as crianças correndo. Meus alunos suados, as máscaras molhadas, e com cara de cansados, vieram até mim para saber as novidades.

— Profe, aqui tá tudo certo. Já acomodamos quase todos. Só faltou a gente, na verdade, hehehe — falou Luiza.

— Gente, o pessoal da cantina vai trazer o que eles têm de comida para cá. O pessoal da saúde vai vir para cá também, já que estamos mais no alto e mais seguros. Vocês podem se acomodar na minha sala, levem colchonetes para vocês para lá.

As crianças estavam querendo brincar com os cachorrinhos. Kenzo pediu se podia levar os cachorrinhos para a minha sala. Eu olhei para a caixa, aqueles cachorrinhos pequenininhos ali deitados, sem se mexer muito. Pareciam doentes.

— Não, acho melhor deixarmos no laboratório, mesmo. Mas não deixem no chão. coloquem em cima da bancada, perto da orquídea. Assim as crianças não mexem neles.

— Ok, profe.

Meus alunos se acomodaram na minha sala. Levaram a mesa redonda e as cadeiras para fora. Enquanto isso, lá fora, a chuva não dava trégua. O vento forte ainda cantava pelas frestas e cantos que encontrava, deixando a atmosfera ainda mais assustadora.

— Todas as suas famílias estão seguras, pessoal? — eu perguntei, o grupo espalhado pelos colchonetes e *puffs* que trouxeram do saguão.

— Sim, profe — disse Luiza. — Meu namorado conseguiu cobrir a janela quebrada com sacos pretos. E está com uns vizinhos no quarto andar. Ele disse que o primeiro andar já está com água pela metade. Nós moramos no segundo andar. Então ele está com medo que a água alcance nosso apartamento. Nossa cachorrinha, Sissi, tá bem e tá com ele.

— O meu namorado tá ilhado, mas tá seguro — disse André.

Philipi, Lívia e Carlos, que moram sozinhos, disseram só se preocupar com como estaria o apartamento deles. Mas como moram no terceiro, sexto e quinto andares, respectivamente, deveria estar tudo bem.

— Sim, só saberemos quando as chuvas terminarem — eu concluí.

— Minha mãe e meu irmão saíram de casa, profe. Alagou tudo. Eles estão numa escola perto de casa, que está segura — disse Ana, carregando seu livro de Físico-Química nas mãos enquanto se acomodava.

— Eu divido o apartamento com uns amigos, profe, mas por causa da pandemia eles já tinham ido para casa, então estou sozinho no apê — disse Kenzo. — E é no terceiro andar, então estou na mesma situação, esperando que não tenha quebrado nada lá em casa.

Kenzo está brincando com uma caneta daquelas que fazem um barulho irritante quando se aciona a ponta da caneta. Luiza já fica irritada.

— Kenzooooooo, para com isso, peste. Vou fazer você engolir essa caneta — ela grita.

— Japa, não irrita a chefona — Philipi faz piada da situação.

Olho para Kenzo e vejo que ele está pálido e com os olhos vermelhos.

— Você tá bem, Kenzo? Tá com os olhos vermelhos.

— Tô bem, profe, só cansado. E meu rosto ainda está coçando muito. Vou trocar a máscara, deve ser porque está muito suada.

— Ok, boa ideia, vou com você. Quero dar uma olhada no pessoal, se tá tudo certo. A caixa de máscaras tá no laboratório ainda, né? Vou distribuir pro pessoal. Ainda bem que deu tempo de você pegar as caixas novas.

— Verdade, profe — disse Kenzo. Saímos eu, Kenzo e Lívia.

Philipi ainda estava brincando com a lanterna UV. André e Luiza estavam acomodados perto, olhando as notícias nos seus celulares.

Carlos e Ana estavam conversando.

— Você mora sozinho. Seus pais não são daqui? — perguntou Ana.

— Não, meu pai faleceu. Ele era professor também, e por causa da trairagem de um colega ele foi demitido e ficou muito mal. Ele não se conformava, e depois de um tempo ele teve um infarto. Minha mãe então foi morar com minha vó no Paraná. Eu fiquei sozinho para estudar.

— Que triste, Carlos, eu sinto muito. Mas o que houve?

Lívia, que tinha saído, chegou interrompendo a conversa e comentou:

— Gente, a comida chegou. Vem, vamos ajudar. Precisamos higienizar tudo, vou pegar meu álcool.

— Xiii, lá vai a Lívia encher tudo de álcool — provocou Philipi.

No laboratório, o grupo conheceu o professor de Clínica Geral, Dr. Salomão, um senhor de uns 60 anos de idade, barba grisalha e óculos. Estava usando uma camisa listrada e uma calça cinza. E a professora de Farmacologia, Dr.ª Ciane, loira de olhos verdes, beirando os 40 anos, usando um vestido florido. Eles estavam me ajudando a organizar as coisas no laboratório. Improvisamos uma cozinha na salinha contígua ao laboratório, por já ser um cantinho com pia, cafeteira, geladeira, enfim.

Eles trouxeram cinco alunos que estavam trabalhando com eles nos laboratórios vinculados aos cursos da saúde. Três — Mariana, Júlio e José — da área de Clínica Geral e dois —

Lucio e Verônica — da Farmacologia. Os estudantes estavam ajudando também. Eles ajudaram o pessoal da cantina a trazer as coisas aqui para cima. Ainda bem que tinha bastante comida, nem conseguimos acomodar tudo na geladeira. Também não sabíamos quanto tempo nós iríamos ficar presos ali.

Dr. Salomão me disse que os laboratórios da saúde já estavam com água pela canela, e as chuvas ainda em curso. Eles trouxeram também diversos medicamentos para usar caso precisássemos. Ainda bem que pensaram nisso, não tinha me passado nada parecido pela cabeça.

Compartilhei as novas máscaras com todos para nos manter seguros em relação à pandemia. Eram duas situações perigosas que enfrentávamos naquele momento.

Já era tarde da noite, o agito diminuiu. Todos meio que se acomodaram para tentar dormir. Mas acho que ninguém vai conseguir, a tensão ainda é grande, e a chuva não dá trégua.

O laboratório está tranquilo, com iluminação somente sobre uma bancada. O silêncio se faz presente, somente os trovões se ouvem. Philipi, Luiza e André ficam no laboratório mais um pouco, para organizar. Eu pedi a eles para guardarem todos os ácidos e bases nos armários, tirarem tudo do acesso facilitado para evitar acidentes.

Eles então pegam todos os frascos e colocam nos armários. Luiza guarda um frasco de ácido sulfúrico que ainda estava por cima da bancada, entretanto ela esbarra com o vidro na mesa de granito de uma das mesas.

— Putz, olha, galera, o vidro trincou, tá vazando um pouco do ácido. Que droga. Não temos nenhum frasco escuro sobrando, né? — ela fala segurando o vidro de lado para não vazar.

— Não, eu usei o último pra fazer a solução para você esses dias, devia ter pegado mais frascos vazios no almoxarifado — constata Philipi.

— Eu tenho uma ideia — disse André. — Tem chocolate aí? Eu vi isso nos Caçadores de Mitos, vamos ver se funciona.

A máscara e a orquídea

— Eu tenho meus amendoins cobertos com chocolate, será que serve? — Luiza então tira o pacotinho do bolso.

— Eu acho que sim. Precisamos de pouco, porque ele produz bastante massa.

Ele então pega uma faca e tira raspas do chocolate, deixando o amendoim sem a cobertura.

— Vejam, é só colocar o chocolate em contato com o ácido — disse André. — O açúcar do chocolate gera uma massa de carbono na reação de liberação de vapor de água. É parecido com a reação da solução piranha, mas neste caso não tem o oxigênio extra para consumir totalmente o carbono. Ele forma, então, uma massa parecida com carvão.

— Tá saindo fumaça — observou Philipi.

— É normal, é uma reação exotérmica e libera vapor de água — explicou André. — Ele vai ficar um resíduo negro e vai vedar a trinca por um tempo.

— Que cheiro insuportável — disse Luiza.

— Quando as chuvas pararem, não podemos esquecer de trocar de frasco logo, senão a profe nos mata, hahaha — disse Philipi.

— Sim, mas por enquanto, problema resolvido — concluiu Luiza.

— Será que vamos ter que ficar aqui muito tempo? — comentou Luiza.

— Olha aqui as notícias — Philipi comenta olhando o celular. — Já tem 130 desabrigados, cinco mortos e dois desaparecidos levados pelas águas.

— Essas chuvas não darão trégua tão cedo, né? — Luiza suspira.

— Pelo que tá dizendo aqui na meteorologia, vai longe ainda, sim. Vamos ficar presos aqui por um tempo.

Enquanto falam, Philipi brinca com a lanterna UV. Aproveitando a falta de iluminação da sala, fica apontando a lanterna para todos os lados.

— *Friends*, olhem isso — ao apontar para a orquídea, ele percebeu que ela fosforesce na radiação UV. — Olha como a orquídea fica na iluminação UV.

— Hahaha, ela é radioativa, cara — se diverte André. — Que massa. Olha, a flor tem luminescência também.

— Igual ao programa CSI, haha — comenta Luiza. — Precisávamos de um contador Geiger para ver se ela é radioativa, hahaha.

— Depois perguntamos para a profe por que ela brilha assim — fala André, enquanto guarda o frasco de ácido sulfúrico no armário.

E eles continuaram por mais algum tempo brincando com a lanterna e iluminando todas as partes da orquídea.

— Gente, vamos tentar dormir um pouco, amanhã será um dia puxado — se levantou Luiza para ir descansar. Os amigos a seguiram.

5

Dia 2

Ao amanhecer, tudo permanecia do mesmo jeito. A chuva não cedia. Olhando pela janela, os carros no estacionamento já tinham água pela metade. A meteorologia avisava que as tempestades continuariam pelo dia inteiro.

Algumas pessoas já estavam de pé, as crianças já circulavam. Alguns dos meus alunos e os alunos da saúde estavam na cozinha improvisada ajudando a preparar o café. Luiza e Ana passavam o café, uma cafeteira e outras duas jarras com coadores improvisados com os filtros do laboratório. Num deles elas usaram uma lamparina à base de querosene, para esquentar a água.

Lucio e Verônica, estagiários da Farmacologia, ficaram encarregados de preparar os sanduíches.

André, Philipi e Mariana, aluna da Medicina, estavam preparando os *kits* de lanche para distribuir às pessoas. Mariana, com muita má vontade, estava mais atrapalhando do que ajudando. Perdia mais tempo checando as redes sociais do que montando os *kits*. Em um *story*, ela se filma montando os *kits* e diz:

— Aqui perdida no meio dos sem-teto, fazendo minha parte. Tudo pela humanidade — e fez uma cara de benfeitora. Então se perdeu nos filtros da rede social, esquecendo da montagem dos *kits*. André e Philipi fizeram entre si um olhar de decepção.

Carlos chegou com duas crianças, Jane e Antônio, 5 e 6 anos, para brincar com os cachorrinhos. Mas ele percebeu que os bichinhos estavam com bolhas pelo corpo, e dois deles com feridas em carne viva. Esses com as feridas não se mexiam mais. O maiorzinho ainda respirava, mas com dificuldade. As crianças quiseram pôr a mão, mas Carlos não deixou. Eles então ficaram ali ajoelhados olhando para os cachorrinhos. Carlos então chamou o grupo.

— Gente, vem ver os cachorrinhos. Eles estão cheios de feridas, acho que dois morreram e o último não vai aguentar muito tempo.

— Ai, que nojo — exclamou Mariana, saindo do laboratório.

Nesse tempo em que Carlos falava, o cachorrinho deu seu último suspiro.

— Eu falei que aquela máscara nojenta na caixa ia contaminar eles — falou Lívia, que se aproximava da caixa. — Venham, crianças, saiam de perto, eles podem ter o coronavírus.

— Não, Lívia, feridas não são sintomas da Covid-19. Provavelmente algum bicho, um rato, talvez, tenha atacado eles durante a noite — falou André, consternado.

Ana, sempre muito sensível, começou a chorar novamente e disse:

— Nós deveríamos ter levado eles para a sala da profe. Precisamos enterrá-los agora.

— Isso mesmo, Ana — falou Lívia. — Para levar esse vírus para bem longe daqui.

— Façam isso — eu respondi. — Vejam se tem algum pedaço de solo próximo ao prédio que não esteja debaixo da água. Talvez próximo da grande árvore, seria um lugar bonito para deixá-los. Mas não se ponham em risco. Se não acharem um espaço, deixem a caixa numa sala do andar inferior que fazemos isso depois que as águas baixarem. Levem as crianças para se despedirem dos cachorrinhos também. Gente, e o Kenzo? Ainda não acordou? Acho que ele vai querer ir também, vão chamá-lo.

— Ok, profe — disse Ana.

Em alguns minutos, Ana volta muito agitada.

— Profe, o Kenzo tá muito mal. Acho que ele tá com febre. Não quer se levantar, tem dor no corpo.

Então chamo o Dr. Salomão para ver o Kenzo comigo. Depois de examiná-lo, o doutor me diz que ele provavelmente está com Covid-19, porque ele tem febre e está com os olhos muito vermelhos e com dificuldade de respirar. Essa doença, que parece uma gripe, mas ataca de forma agressiva as vias respiratórias, é muito contagiosa. Por causa disso, precisamos isolar o aluno na minha sala. Não temos medicamento ainda contra o vírus. O doutor dá um antibiótico que ele trouxe junto aos medicamentos, para ir segurando a situação até conseguirmos levá-lo ao hospital. Os amigos ficam apreensivos, e somos recomendados a redobrar os cuidados e não entrar mais na minha sala. O Dr. Salomão fica incumbido de cuidar do Kenzo conforme necessário. Lívia redobra o uso de álcool.

Ligamos para a Defesa Civil em função da urgência de levar Kenzo ao hospital o mais rápido possível, mas eles nos informam que a cidade está um caos, e que precisamos esperar. Assim que eles tiverem um helicóptero livre, irão nos enviar.

Nos reunimos novamente, e decidimos não comentar com ninguém além dos que já sabiam sobre o estado do Kenzo. O desespero em função da enchente já era o suficiente.

As famílias acordam e vêm até nós para o café. Orientamos que peguem seus *kits*-lanche, e só tirem suas máscaras para comer. Dizemos que, por causa da enchente, devem tomar o dobro do cuidado.

Oriento meus alunos a levar as crianças para enterrar os cachorrinhos. Eles então encontram um espaço para enterrá-los no jardim perto da grande árvore centenária. Aquele é um espaço coberto, então é seguro para fazer o enterro dos cachorrinhos. Estão nessa tarefa Carlos, Ana, Luiza, Verônica (aluna da Farmacologia), José (aluno da Medicina) e as duas crianças, Jane e Antônio. Carlos ainda abre mais uma vez a caixa e observa as feridas. Ele nota que não são de mordidas, mas sim bolhas redondas que se abrem em pus como em uma infecção.

— Vamos enterrar logo — diz Verônica.

Eles abrem um buraco grande o suficiente para a caixa e, antes de colocar terra sobre ela, fazem uma oração. As crianças baixam a cabeça e juntam suas mãozinhas. Ficam todos alguns minutos ali antes de cobrir de terra a caixa.

Então chegam André e Philipi, com mais duas crianças que tinham acordado.

— Tivemos uma ideia — eles vêm com uma bacia, arames, um vidrinho e detergente. — Vamos brincar com bolhas de sabão gigantes?

Jane arregala os olhos:

— Gigantes???

Essa ideia foi uma bênção, pois espantou a tristeza das crianças. Os jovens então ajudaram as crianças a montar os aros, um para cada uma.

— Agora, vamos montar a mistura — Luiza então foi conduzindo a experiência. — Cada um coloca um copo de água na bacia, precisamos de sete no total. Agora, um copo de detergente cheio — Jane ficou animada para fazer essa tarefa, ficou quase meia hora ali para encher o copo com precisão.

— Agora o segredo, olhem atentamente — as crianças arregalam os olhinhos, o vidrinho que os meninos trouxeram tinha a mágica. — Uma colher de açúcar. Sim, açúcar. É o ingrediente secreto. Misturem... não, Jane, hehehe, devagar. Não agite, só misture suavemente. Isso. Pronto, agora podemos brincar.

E todos eles ficam ali brincando com as bolhas de sabão gigante, correndo e gritando. Mesmo com a chuva rolando lá fora, a brincadeira os fez esquecer da situação. E as risadas ouvidas no laboratório são uma bênção que quebra a tensão da situação.

A máscara e a orquídea

Quando cansam, antes de subir olham na porta da frente e veem o movimento das águas. Chegando ao laboratório, me avisam que as águas estão subindo, e que logo alcançarão nosso prédio se continuar assim.

Com o passar do dia o burburinho volta a se instalar, pessoas falando, as crianças correndo e gritando. A tempestade volta a aumentar, com trovões e relâmpagos. Um agito extra se instala quando a água começa a entrar no prédio. Pessoas que estavam circulando na parte de baixo sobem a rampa correndo. E ficamos no mezanino olhando a água tomar conta do primeiro andar. A água sobe bem rápido, e com muita força. Em meia hora aquela corrente turbulenta já cobria as carteiras que estavam no saguão. Mais alguns minutos e elas já estavam flutuando.

Vimos que as águas trouxeram uma mulher arrastada para dentro do prédio, o volume de água era grande. Ela gritava e ainda lutava contra a força das águas. Ela agarrava firmemente com um dos braços o que parecia, de onde estávamos, ser um cachorro, de porte médio e pelo cor de caramelo. Quando viu a rampa, parece que uma força extra invadiu seu corpo e ela nadava com mais determinação, mas com apenas um braço livre foi meio inútil. As pessoas debruçadas nos guarda-corpos começam a gritar e se agitar desesperadas.

— Solte o cachorro — dizia um.

— Salve sua vida, use os dois braços para chegar na rampa — dizia outro.

— O cachorro consegue se virar, solte-o — mas a mulher o segurava com muita determinação, mas não conseguia vencer a correnteza com um braço só livre.

André e Philipi lembram que, em um dos armários da minha sala, havia uma corda que nós usamos para arrastar pela rampa o moinho de bolas quando ele chegou. Esse moinho foi uma compra especial, é um moinho em tamanho reduzido em relação aos comerciais, para nossos alunos de Operações Unitárias aprenderem como o equipamento funciona. Mas, mesmo sendo pequeno em relação a um real, ele ainda pesa quase 200 quilos, então é uma corda bem resistente, e isso poderia ajudar no salvamento daquela mulher.

Sem nem pensar muito, eles rapidamente entraram na minha sala e correram até o armário. Lívia ficou atônita com aquilo.

— Gente, o vírus — ela balbuciou com os olhos arregalados, vendo eles entrarem.

Quando os meninos voltaram com a corda, Luiza e Ana amarraram uma ponta nas barras de apoio da rampa. E os meninos jogaram a outra ponta da corda na direção da mulher, para que ela se agarrasse e eles conseguissem puxar. Mas a mulher estava muito fraca em função da luta contra a força da água e dos choques contra os móveis boiando. Ela não conseguia chegar perto para agarrar a corda.

André então puxou a corda de volta, e quase sem nem pensar amarrou a corda em sua cintura e se jogou na água para tentar alcançar a mulher.

— André, não — eu grito, e fico desesperada pelo ato insano do meu aluno.

A mulher então é levada para o fundo da água pelos redemoinhos formados pela enxurrada, desaparecendo das nossas vistas. André mergulha atrás dela e desaparece também. Eu grito novamente e meu coração acelera, olhando aquilo.

— Profe, calma, ele é excelente na natação. E consegue ficar um bom tempo debaixo da água — tenta me acalmar Philipi. — Ele vai conseguir.

— Philipi, aquilo não é uma piscina calma. E tem muito entulho no fundo.

Eles dois então emergem, seus rostos para cima, a boca aberta numa busca desesperada por ar. Então André se desamarra e consegue passar a corda em volta da cintura da mulher. Mas o cachorro não está mais em seu braço.

Jane, com o nariz grudado no guarda-corpo de vidro, diz:

— Mamãe, cadê o cachorrinho? — e as lágrimas escorrem por seu rostinho triste.

Várias pessoas estão na rampa e, quando veem os dois amarrados pela corda, puxam com muita força. Com sucesso, André e a mulher são resgatados. Mas não se vê mais sinal do pobre cachorrinho.

Os dois estavam cansados e machucados pelo movimento dos móveis e entulhos boiando e, claro, estão encharcados também. Os estudantes de Clínica Geral Júlio e José levam os dois para o laboratório para realizar os primeiros socorros. As pessoas ainda ficam um pouco mais por ali, tentando visualizar sinais do cachorrinho. Nós vamos ao laboratório para ver como estão os dois.

No laboratório, dou uma bronca em André por se arriscar tanto. Mas depois o abraço, orgulhosa de seu gesto, mesmo ficando toda molhada.

— O doido não fala em público e se joga nos braços da morte, seu mazanza — provocou Philipi.

— Philipi, acho que na gaveta ali no balcão tem algumas toalhas e panos, pega lá para eles se secarem um pouco.

A mulher, com longos cabelos vermelhos, mal pintados, aparecendo já partes grisalhas, estava muito cansada e machucada. Seus grandes olhos castanho-escuros e olhar fixo deixavam seu semblante meio assustador. Ela olha para seus próprios braços.

— Alecrim, cadê o Alecrim? Vocês viram o Alecrim?

— O pessoal está procurando o Alecrim, calma. A senhora está bem? — eu pergunto. — Como é seu nome?

— Meu tornozelo dói — ela estava com uma grande ferida aberta, sangrando no tornozelo, provavelmente pelo movimento agressivo das águas e entulhos. — Me chamo Rebecca, eu moro aqui perto. As águas invadiram minha casa durante a noite. Eu queria ter salvado meus móveis, minhas coisas. A água subiu tão rápido. Eu estava colocando tudo em cima da mesa, mas a parede da minha sala caiu, acabou tudo, eu perdi tudo. Só deu para salvar o Alecrim. Onde ele está?

Ela começou a chorar, e nós tentamos acalmá-la, mas nessa situação não temos muito o que dizer. Os estudantes fazem o curativo no tornozelo dela. E eu alcanço uma máscara nova e limpa para ela. Ela olha para a máscara. Parece cair a ficha de que, além da enchente, estamos em plena pandemia. É muita coisa junta.

— É castigo divino. O mundo tá acabando — ela sussurra. — Estamos sendo castigados. O Alecrim morreu. Vamos todos morrer.

Mariana, com seu celular, faz outro *story*.

— Salvando os desabrigados e pobrezinhos — mostrando uma gaze, ela arreganha os dentes para a câmera, com a pobre mulher chorando no fundo.

— Mariana, sai daqui, por favor — se irrita José, que está realmente fazendo o curativo.

— A senhora deve descansar um pouco agora — eu falo para Rebecca. — Vamos arrumar um cantinho para a senhora se deitar um pouco, tudo ficará bem. Quando acharmos o Alecrim, levamos para a senhora, tenha fé.

André também está bem, só muito cansado. Philipi e Ana conversam com ele.

— Cara, acho que você ficou uns 45 segundos debaixo da água. Insano — falou Ana.

— É, mas na piscina ele já fica um minuto e meio tranquilo — disse Philipi.

— Nossa, mas é diferente da piscina. A correnteza, a água turva, o nervosismo. Acho que não ia aguentar muito mais. Tem que fazer muita força.

— Nossa, essa situação precisa acabar, está ficando muito perigoso. E se as águas subirem mais? — eu falo desanimada, sem perspectiva de melhora. O desespero quer invadir minha alma. A situação é muito crítica.

O tempo passa e nenhum sinal do Alecrim. Então o pessoal entende que ele não resistiu. Ficam então olhando a força das águas e o poder que um dos quatro elementos da natureza é capaz de exercer em sua fúria.

Mariana está no mezanino, filmando a correnteza para fazer um novo *story* e postagens.

Depois de um tempo, no corredor, as crianças voltam a brincar e correr. Para elas é mais fácil passar por uma situação assim; rapidamente elas pensam em outra coisa. O que é uma bênção. Elas só vivem o momento, porque não entendem o todo, não se preocupam com o depois. Bem que podíamos viver assim também. Não sofreríamos tanto, vivendo cada minuto de uma vez e o aproveitando ao máximo. Quando somos crianças, queremos logo crescer. Não temos noção do mundo maravilhoso que vivemos na mais tenra idade.

As crianças — Jane, Antônio, Luiz e Daniel — estavam brincando pelo corredor e se aproximaram da minha sala. Por ser a única sala fechada, é claro que as crianças ficaram curiosas com ela e querem abri-la.

Lívia, que estava circulando, viu Jane com a mão na maçaneta e deu um grito:

— Nãoooo, o vírus!!! — as pessoas em volta olharam para ela.

Ana, que estava junto, repreendeu Lívia:

— Ssshhh, não grita.

— Crianças, essa sala é da professora, não é pra brincar aqui. Coloquem a máscara direitinho, é mais seguro contra o vírus — falou Ana, um pouco mais alto, para acalmar as pessoas que olhavam.

Lívia leva as crianças para suas mães. Jane foi a primeira menina que ela acomodou no início da enchente. Ela conversa com sua mãe, Patrícia:

— Vocês estão bem? Tá tudo certo?

— Sim, estamos agradecidas por vocês nos acomodarem aqui. Este ano está muito difícil. Meu marido morreu de Covid-19 no começo da pandemia. Jane só tem a mim, não temos mais família. E agora estamos presas nesta enchente. E a preocupação com essa água subindo. Isso não tem fim.

— Calma, as notícias dizem que as chuvas vão dar uma trégua hoje à noite, ainda. Nós logo estaremos em casa de novo.

— Deus te ouça. Jane, senta aqui. Sossega, menina — bradou a mãe para a filha inquieta.

Ana também estava na sala, falando com o senhor Santos, um senhor de cabelos brancos e bigode espesso todo branquinho, muito calmo, brincando com um baralho de cartas.

— Você sabe jogar, minha filha?

— O senhor não está com medo? — perguntou Ana.

— Não, minha filha, nós passaremos por aquilo que Deus quiser que passemos. Não adianta se desesperar. Já passei por muita coisa nessa vida, e sobrevivi a tudo. Quando Deus me quiser perto dele, ele vem me buscar, e eu estarei pronto para ir. Aproveitei bem essa vida, aprendi tudo que passou pela minha frente, curti meus amigos, tive grandes amores, viajei, me diverti, fiz tudo que deveria de forma equilibrada e da melhor maneira possível. Não devo nada a ninguém e tenho muito orgulho da minha jornada. Então vou aproveitando o tempo que me resta. Sabe, às vezes deixamos coisas importantes passarem, focados em coisas que não têm tanta importância. Devemos valorizar os presentes que a vida nos dá. Quer jogar?

Ana, pensando sobre o que ele falou e no seu comportamento compulsivo e exagerado em relação aos estudos, responde animadamente:

— Claro, que tal uma canastra? Eu jogava com meu avô nas férias de verão até tarde, me bateu uma saudade. Faz tempo que não o visito porque estou sempre estudando, vou lá quando a chuva passar.

Eles então ficaram um tempo jogando e conversando. Por volta de sete horas da noite, a chuva deu uma trégua.

Fomos saber notícias do Kenzo. Infelizmente, não podemos estar perto dele por causa da doença. Dr. Salomão nos diz que ele está com muita febre, e com manchas vermelhas pelo corpo. Que ele está administrando um dos antibióticos que trouxe, mas que ele precisará de um hospital logo. Não temos muito o que fazer agora, o jeito é esperar. Ele então me leva até o Kenzo para me mostrar uma coisa.

— Agora veja isso, professora — ele abaixa a máscara de Kenzo e vejo que o rosto dele está bem vermelho e com bolhas.

Pergunto o que era aquilo.

— Não sei ainda, talvez seja só uma irritação em função da máscara. Vou ficar monitorando.

— Kenzo, fica tranquilo, logo a ajuda vai chegar e vamos te levar a um hospital, você vai ficar bem logo — eu digo, e ele só me olha com olhar cansado, dá uma gemida e vira de lado. Eu não posso nem encostar nele para dar apoio, esse vírus é muito cruel.

6

Dia 3

O dia amanhece novamente, mas desta vez sem chuvas. O sol brilha e as águas começam a abaixar. Começamos o dia animados, com as esperanças renovadas. Esperamos que o dia continue assim para podermos voltar para casa.

Iniciamos a função com o café da manhã. Algumas pessoas já estão no laboratório, outras ainda nas salas de aula, acordando e se ajeitando. Mas todos estão bem-humorados. Os alunos conversam.

— A parte boa é que não teremos prova de patologia funcional. Era para amanhã — comenta aliviada Mariana, a aluna da Medicina, enquanto examina suas unhas.

— E nós, de fenômenos de transporte de calor e massa — compartilha Philipi.

— Acho que vai demorar para as aulas voltarem ao normal, né? — comenta Carlos, colocando um sanduíche na boca.

— Acho que não muito, porque as aulas já estão virtuais — conclui Philipi, depois de tomar um gole de café de sua xícara com impressão de Star Wars.

Nesse momento, todos ouvem um grito aterrador. O grito se repete várias vezes, numa busca desesperada por socorro. Todos se olham, sem entender bem de onde vem o desespero. Todos se levantam e vão para o corredor ver o que está acontecendo. O primeiro andar já não tem mais água, só sujeira e entulhos.

Quando então vemos Kenzo saindo da minha sala, gritando de dor, as mãos no rosto por cima da máscara. Ficamos parados em choque, sem entender o que está acontecendo, apenas olhando ele se aproximar.

Seu corpo franzino, correndo desajeitadamente pelo desespero, seus olhos ejetados pela dor, vindo em nossa direção.

Perto do laboratório, ele cai no chão. Ele se contorce de dor no chão, seus olhos avermelhados buscam desesperadamente um socorro em volta, mas não sabemos o que fazer, não estamos entendendo o que está acontecendo. Ana se aproxima, se ajoelha ao lado dele e tenta encostar nele, mas ele se contorce sem parar no chão.

— Cara, o que tá havendo? — Philipi também está ajoelhado do outro lado dele.

Kenzo leva, então, as mãos à máscara novamente, como se aquilo o estivesse sufocando. Seu peito se levanta e abaixa com muita força, como se o ar não entrasse. Ele então arranca a máscara de uma vez num grito gutural, indicando muita dor. O que vemos deixa a todos desesperados. Ana dá um pulo para trás. Carlos cobre seus olhos com suas mãos roliças. As pessoas ao redor levam a mão à boca — ou à máscara, é claro —, e seus olhos estão arregalados. As mulheres começam a chorar.

O rosto de Kenzo virou uma massa disforme de sangue e veias, como se a pele superficial estivesse comida ou apodrecida.

O sangue escorre por seu pescoço. A visão não é bonita, parece que as manchas vermelhas e bolhas que víamos se transformaram em feridas abertas infeccionadas, e o pus formado pela ferida fez a máscara grudar em sua pele. Quando ele a puxou, deixou sua pele em carne viva, e a máscara, agora caída no chão ao lado do seu corpo, trazia grudada pele, sangue e pus.

As pessoas viram o rosto. A dor deve ter sido insuportável. Ele ainda grita e se dobra em movimento fetal. Com muita dificuldade de respirar, ele segura o peito e o pescoço, suas mãos ensanguentadas por tocar no seu próprio rosto. Quando ele vê a quantidade de sangue nas mãos, grita com mais força e desespero.

André cai de joelhos no chão, sem forças, em lágrimas. Luiza se encosta na parede, em prantos, parecendo querer que a parede a absorva e a retire dali como mágica. Lívia nem tem expressão, está branca feito papel. Ana se levanta rapidamente, com a respiração acelerada, dá dois passos para trás e cai no chão desmaiada aos pés de Patrícia, que segura Jane com força, fechando seus olhinhos com suas mãos. Seu Santos está de cabeça baixa, a dois metros do corpo, orando. Carlos leva a mão à boca, com ânsia, e corre para vomitar.

Kenzo então para de gritar e de se contorcer. Ele puxa o ar com força, como se este não estivesse mais chegando aos seus pulmões. E no expirar do ar, seu último, ele fecha seus olhos. E tudo fica em silêncio.

Os segundos mais longos da minha vida. Ninguém se mexe, como em um final de filme, quando esperamos a reviravolta e, por milagre, o personagem volta à vida. Mas desta vez, apenas o silêncio, que parecia não ter fim. Paira uma sensação de que não estamos acordados, de que aquilo não estava acontecendo.

Então ouvimos Carlos vomitando em um canto do prédio. Ele não conseguiu chegar ao banheiro. E Luiza puxa uma sequência de choros, soluços barulhentos misturados com expressões de incredulidade.

O corpo de Kenzo ali no chão, parado, sem vida. É inacreditável. Tantos sonhos, tantos planos. Eu não consigo acreditar. A ficha não cai.

— Meu Deus — fala um.

— Jesus Cristo, nos proteja — ora outro.

As crianças estão em pranto, agarradas às pernas de seus pais. Seu Santos agora está ajoelhado, mas agora próximo ao corpo de Kenzo, ainda orando.

Dr. Salomão se ajoelha do outro lado de Kenzo, próximo a Philipi, que está sentado com as mãos na cabeça em prantos, e toma sua pulsação. Ele então olha para mim, meneando a cabeça negativamente.

Ficamos ali alguns minutos sem ação, minutos que pareceram horas. Choros e orações se misturam. Ana acorda e se senta, ainda tonta. Luiza está perto dela agora, e as duas se abraçam e choram muito.

Mariana começa um *story* com o corpo de Kenzo ao fundo, mas Philipi, que percebe, se levanta e segura a estudante pelos cabelos fortemente, fazendo sua cabeça virar para trás.

— Se você fizer isso eu te jogo daqui de cima, sua vaca — seus olhos ejetados de raiva fizeram Mariana ficar quieta. Ele arranca o celular da mão dela.

— Calma, Philipi — eu tento acalmá-lo e o faço soltar a estudante. Eu olho para ela muito séria e, devolvendo o celular, digo: — Agora some daqui, garota.

Dr. Salomão fala com seus alunos, Julio e José, para ajudarem a levar o corpo de Kenzo dali. Eles levam o corpo dele para minha sala novamente. Ficam na sala por um tempo. José volta e pede sacos grandes para enrolar o corpo. E leva uma toalha para cobrir o rosto. Quando ele pede a toalha, Ana volta a soluçar copiosamente. Carlos fica verde, sentado no fundo do laboratório, mas desta vez não vomita. Mariana está quieta, sentada em silêncio desta vez.

Nós ficamos reunidos no laboratório. Entristecidos. Ainda se ouve choro e oração pelo prédio. Nas bancadas, as xícaras de café, agora frio, abandonadas na confusão. Sanduíches feitos e meio comidos sobre as bancadas. Neste calor úmido, as moscas já aparecem fazendo sua festa sobre a comida esquecida.

Depois de um tempo, o pessoal da saúde volta, todos muito sérios.

— Aquilo não é Covid-19 — disse Dr.ª Ciane. — Eu nunca vi nada parecido.

— Eu desconfio que seja fasciíte necrosante — diz o Dr. Salomão. — É um tipo de bactéria que come carne. Ela é muito rápida e mortal, ela leva à falência múltipla dos órgãos em poucos dias. Eu nunca vi, só li sobre o assunto, é muito rara. Mas teremos que fazer exames para confirmar se é isso mesmo. Mas é estranho, para ela ocorrer precisa haver a junção de diferentes tipos de bactérias em associação. É uma condição muito rara de acontecer. E uma situação muito perigosa para a gente, que está preso aqui. Não temos antibiótico específico para essa bactéria, e na maioria das vezes ela é letal. Precisamos ir a um hospital com urgência.

— Minha nossa!!! — falo apreensiva. — As águas estão baixando, mas ainda não dá para sair daqui. Vamos torcer para que o tempo se mantenha bom, para podermos sair daqui logo.

As pessoas se agitam, querendo logo sair do prédio.

— Precisamos sair daqui. E se nós pegarmos isso? Vamos embora — fala uma mulher.

— É o demônio que quer nos levar, aqui é o covil dele. Nós vamos todos morrer — grita Rebecca, a mulher de cabelos vermelhos.

— Gente, calma. As águas ainda não baixaram completamente, é muito perigoso. E quando sairmos daqui, precisamos passar em um hospital para verificar se não fomos todos infectados, e então tomar os remédios necessários. Vamos manter a calma.

As pessoas estão agitadas. Ficam conversando entre si. Querem logo sair dali, mas a enchente não nos dá muitas opções.

Rebecca, ainda mancando, se aproxima de Mariana.

— Nós vamos morrer, menina. O demônio vai vir nos pegar e nos levar com ele — Rebecca segura o braço de Mariana, e com os olhos esbugalhados fala: — Precisamos sair daqui agora.

Mariana, incomodada, puxa o braço com força para se desvencilhar das mãos de Rebecca.

— Sai de perto de mim, sua velha maluca — ela então se levanta e sai de perto, deixando Rebecca murmurando avisos de apocalipse.

— Gente, calma. Nós vamos ligar para a Defesa Civil novamente, e ao Corpo de Bombeiros, para eles virem logo — eu explico, com a esperança de acalmá-los.

Eles saem do laboratório, não muito felizes. Eu então me viro para Dr. Salomão e Dr.ª Ciane.

— Precisamos pensar em algo. Não poderemos conter todos por muito tempo, e não temos como saber a gravidade da situação. Se é muito contagioso.

— Ao mesmo tempo, não podemos deixar ninguém sair daqui. Se alguém estiver infectado, pode levar essa contaminação para outros lugares. E então vai ser devastador — disse Dr. Salomão.

— Será que só está acontecendo aqui, ou é uma nova infecção mundial? — eu pergunto, ajeitando minha máscara.

— Pois então. Na dúvida, precisamos conter isso aqui e agora — disse Dr.ª Ciane. — Ninguém pode sair daqui. Nem que precisemos usar a força.

— Vamos tentar conter. E ficar de olho se mais alguém apresenta sintomas.

Meus alunos estão em volta de mim. Me viro para eles.

— Como vocês estão? Algum vermelhão? Cansaço? Falta de ar?

— Não, profe. Tudo bem. Só muito chocada. Como aquilo pôde acontecer com o pobre Kenzo? — falou Ana.

— De onde veio aquilo? Será uma nova pandemia? — André questionou com a voz embargada.

Lívia ainda estava branca feito papel, devia estar em choque. Luiza, com o olhar perdido no horizonte, parecia não estar mais ali.

Carlos, meio azulado, disse que estava bem. Só um pouco enjoado ainda.

— Aquela imagem nunca mais vai sair da minha cabeça — ele disse.

Mais tarde, Patrícia vem ao laboratório, onde estamos, desesperada.

— A Jane, ela não está bem, não quer levantar da cama. E está com os olhos vermelhos.

— Ela só deve estar traumatizada pelo acontecido mais cedo. Vamos vê-la — eu falo, olhando para Dr.ª Ciane, que concorda.

Todos nos levantamos e vamos à sala onde ela está deitada. A Dr.ª Ciane a examina. Abaixa a máscara e ela está com falta de ar, e manchas vermelhas perto da boca. Dr.ª Ciane olha para mim.

— Não é psicológico. Ela está infectada também.

Patrícia começa a chorar, segurando a mão da filha. Na cama ao lado vemos que o senhor Santos está deitado, olhando quietinho para a gente.

— O senhor está bem? — pergunta Dr.ª Ciane.

Ele dá uma tossida e diz que não está se sentindo bem. Quando a doutora abaixa a máscara do senhor Santos, vemos que o rosto dele não está só vermelho. As feridas já começam a se formar.

— Ele também está infectado — ela fala, abaixando a cabeça sem ânimo.

A doutora me chama no corredor e me diz que é melhor isolarmos aquela sala e ver se tem mais alguém com os mesmos sintomas. Será preciso olhar debaixo da máscara, parece que é onde a infecção se alastra mais rápido.

— É a máscara — Lívia, que estava ao meu lado, começa a gritar, como se tivesse acordado de um transe. Desde o acontecido que não dava um pio, só me seguia como um zumbi —, só pode. Lembra dos cachorrinhos? Também tinham feridas, e tinha uma máscara na caixa. Tirem as máscaras, pessoal.

— Calma, gente, não sabemos o que é — eu tento acalmar a todos. Mesmo assim, todos tiram as máscaras, receosos de ela trazer a infecção.

— Gente, precisamos ver se tem mais alguém com sintomas estranhos, para trazermos para cá e fazermos um isolamento — fala Dr.ª Ciane, trocando a luva de borracha que tinha posto para atender Jane.

Mais umas quatro pessoas são identificadas e levadas à sala que agora foi definida como "sala de isolamento".

— Dr.ª Ciane, a senhora acha possível a máscara ser um ambiente de proliferação dessa infecção? As caixas ficaram úmidas por causa das chuvas, pode ser isso?

— Eu não posso responder isso sem exames. Mas, por via das dúvidas, vamos tirar as máscaras. Parece que a região de ataque principal está vinculada a ela. Talvez só por causa da região abafada, que ajuda a proliferar mais rápido o crescimento das bactérias. Se forem bactérias, né? E vamos fechar todas em um saco bem vedado.

Os que ainda não apresentaram sintomas estão reunidos na cozinha improvisada. Dr. Salomão e seus alunos estão com a gente. Não conseguimos acreditar no que aconteceu. Estamos em silêncio. Luiza traz as últimas notícias da meteorologia.

— Nova onda de chuvas vai se iniciar, gente. Isso ainda não acabou.

— O que faremos com o corpo se ficarmos muito tempo aqui ainda? — pergunta Lívia.

— Nós precisávamos de um lugar gelado para manter o corpo até conseguirmos realizar os exames — disse Dr. Salomão.

— Mas não temos muito o que fazer agora — eu respondo.

— Profe, e se instalássemos mais um ar-condicionado na sala e os mantivéssemos no máximo? Poderíamos baixar significativamente a temperatura.

— Mas, André, o ar-condicionado é central, do tipo *split*, não tem como fazer.

— Não, profe. No laboratório de termodinâmica tem um ar-condicionado do tipo janela. Eu tô fazendo a disciplina de Projeto em Refrigeração e Ar-condicionado do curso de Engenharia Mecânica como eletiva. E o professor tem um desses para demonstrar o funcionamento. Podemos pegar o equipamento, ele tá funcionando bem.

Olhei para Dr. Salomão. Ele meneou positivamente a cabeça. Então respondi:

— Sim, pode ajudar. Façam isso, meninos. Façam o mais rápido possível, para não ficarem muito na sala. Usem os equipamentos de proteção que os doutores trouxeram. Tomem cuidado.

Então, André, Philipi e Luiza saíram para realizar essa tarefa. Eles pegaram o equipamento no laboratório de termodinâmica. Jorge, o pai de Luiz e Antônio, veio ajudar na instalação também. Quando entram, Kenzo está sobre um dos colchonetes. Seu corpo está enrolado e bem amarrado em sacos de lixo, daqueles grandes, pretos, que foram pegos na cozinha. O grupo então tranca a máquina em uma das janelas e desmancha o *puff* para, com a espuma, vedar os espaços vazios entre a máquina e a moldura da janela. E a outra parte é presa perpendicularmente ao que já estava instalado. Eles ligam os aparelhos de ar-condicionado no máximo. Na saída, Luiza ainda para na frente do corpo de Kenzo. Ao lado do corpo, jogados pelo chão, pequenos *tsurus* em diferentes cores que ele estava ensinando para Lívia e Philipi antes de a enchente começar.

— Meu Deus, eu fui tão impaciente com ele, gritei tantas vezes com ele — fala Luiza, arrependida e emocionada. — Devia ter sentado com ele mais vezes para conversar, aprendido a fazer dobraduras. Saber dos seus planos.

— E eu zoei com ele diversas vezes. Cara, me desculpa — fala Philipi com lágrimas nos olhos, em pé perto de Luiza. — Japa, tu era muito ruim no jogo, mas era um cara muito legal.

— Vem, gente. Vamos sair daqui, não é seguro — fala, através das duas máscaras que estava usando, André com a voz embargada também.

Então saem da sala. André apaga a luz com a cabeça baixa, como se estivesse realizando um ritual fúnebre, e tranca a porta.

Do lado de fora encontram a mulher de cabelos vermelhos, com os olhos arregalados.

— O corpo deve ser queimado! — ela grita. — É castigo! Estamos condenados. Vamos queimar tudo. O demônio vai nos infectar a todos.

Os meninos ouvem aquilo e ficam atônitos.

— Calma, senhora, tudo vai ficar bem — Luiza enxuga uma lágrima e tenta acalmar a senhora. — Nenhum de nós vai mais ter contato com o que ele teve, ficaremos bem. Vamos sair dessa. A senhora precisa é descansar agora e cuidar dos seus machucados.

A mulher olha para ela descrente e sai, mancando e sussurrando com uma bíblia na mão:

— Vamos ser castigados, vamos todos morrer. Ou vamos ser levados como o Alecrim. É castigo. Precisamos sair daqui.

— Gente, precisamos ficar de olho nela, ela ainda vai queimar tudo por aqui — falou André, preocupado.

— Onde é que ela encontrou uma bíblia? — comenta Philipi, intrigado.

Mais tarde, no laboratório, estão todos sem ânimo, sentados olhando o celular. Buscando notícias sobre a melhora do tempo. Então Mariana começa a chorar, desesperada.

— Eu vou morrer — ela grita em prantos, olhando na câmera do celular, onde ela consegue se ver. Ela percebeu que está com manchas vermelhas no pescoço e descendo para o colo. — Eu vou morrer. Estou sendo castigada, como aquela maluca falou. É o demônio, que veio me pegar. Ela está certa, vamos todos morrer.

— Todos vamos morrer — grita Lívia, se desesperando também. — Essa máscara maldita.

— Calma, garotas — falou Dr. Salomão —, deixem de pânico. Não estamos sendo castigados por demônio nenhum. Vocês são cientistas, então tenham postura. É uma doença infecciosa, e precisamos ter cuidado. Vamos tratá-la com os remédios que temos e você ficará bem até chegar ajuda.

E em meio a essa confusão, os céus escurecem novamente. Nuvens grossas trazem as chuvas de volta, e com elas seus amigos inseparáveis, os raios e os trovões, deixando mais tensa a situação no abrigo improvisado. Isso parece não ter fim!!!

7

Dia 4

No dia seguinte, a situação estava mais crítica: chuva intensas, pessoas chorando baixinho, as crianças não corriam e nem gritavam mais. Mais um aluno da saúde, Júlio, também apresentou sintomas da doença e foi isolado. Os doutores estavam controlando o avanço do novo vírus com os remédios que trouxeram, mas eram poucos, não iriam durar até o final do dia. Mas o intrigante é que ninguém do Clube do Livro apresentou sintomas ainda, além do Kenzo.

Ninguém parece ter fome hoje. Estamos na cozinha conversando sobre a situação e buscando uma saída, quando Luiza começa a questionar:

— Profe, será que é mesmo a máscara a responsável por essa doença horrível que matou o Kenzo? Fico pensando por que as bolhas na Mariana são no pescoço. E o Júlio tem as manchas no ombro.

— Não sei, Luiza. Pensamos na máscara porque a maioria das feridas aparece debaixo dela. Mas não temos certeza, claro, é uma hipótese — Luiza fica pensativa.

André traz outra questão.

— Profe, deixa eu perguntar uma coisa. Todo mundo tá ficando doente. A gente ficou em contato com os cachorrinhos mais tempo, tivemos contato mais tempo com o Kenzo e não estamos doentes. Sabe, fiquei pensando. Nós estamos em contato com a orquídea direto, e ela é anti-inflamatória e anti não sei mais o que que a profe disse, não é? Será que ela não nos imunizou? Será que ela não pode ajudar de algum jeito? Ser uma cura para a doença?

Ficamos nos olhando e olhando para a orquídea. Aquilo até podia fazer sentido.

— Não sei dizer se isso é possível. Só pelo ar, acho difícil — eu comento. — Mas penso que talvez um creme dela ajude nessa falta de remédios — então resolvi ligar para Roberto, para ver se aquilo tinha algum fundamento.

— Alô, Roberto? Tudo bem?

— Oi, minha gata. Como você está? Que saudades.

— Minha ligação é de emergência, desculpe ir direto ao ponto. Estamos em uma situação crítica aqui. Estamos isolados na universidade por causa de uma enchente, além da pandemia, e agora apareceu uma bactéria que come carne humana. Isso já matou um dos meus alunos e está deixando as outras pessoas doentes. Estamos segurando o avanço da doença com antibióticos, mas eles estão acabando. Estamos procurando alternativas para um ou dois dias. Pensamos na orquídea. Ela é antibiótica, não é? Ela pode ajudar de algum jeito com as feridas? Como estão seus estudos?

— Nossa. Ouvi sobre a chuva na televisão. Sim, os estudos estão avançando aqui. Ela já floriu aí? Como estão as pessoas que cuidaram dela?

— Então, todas estão bem. Por isso pensamos que talvez ela pudesse ajudar.

— Hummm, que interessante. Nenhum sintoma — ele fez um silêncio, pareceu parar para pensar. — E como são os sintomas daqueles que estão doentes? Quanto tempo as pessoas estão levando para morrer?

— Bem, a pessoa fica debilitada inicialmente, como se estivesse gripada. Pensamos ser Covid-19, inicialmente. Depois aparecem manchas vermelhas pelo corpo, principalmente sob a máscara de proteção que usamos. Achamos até que é a máscara que está proliferando o vírus ou bactéria, ainda não sabemos o que é. Ninguém mais está usando a máscara agora.

E então, na sequência, a pele começa a infeccionar, deixando a pele em carne viva. Os doutores aqui acham que pode ser fasciíte necrosante.

— Hum, interessante — ele fez mais alguns segundos de silêncio. Eu fico impaciente.

— Você acha que a orquídea pode nos ajudar como antibiótico de alguma forma? Ou é muita viagem da nossa cabeça? Você pode nos ajudar?

— Os resultados aqui são muito bons, principalmente com a flor. Se for fasciíte necrosante ela vai curar os doentes. Os doutores que estão aí, quem são?

— Estão aqui o Dr. Salomão, de Clínica Geral, e a Dr.ª Ciane, de Farmacologia — respondo aliviada.

– Então me chame a Dr.ª Ciane no telefone que vou dizer como ela deve proceder para fazer um creme improvisado que vai ajudar nas feridas. Quantas flores já estão abertas?

— Deixa eu ver... temos cinco abertas.

Chamo a Dr.ª Ciane no telefone e ela começa a anotar algumas coisas em um papel. No final, ela me devolve o telefone.

— Oi, você acha que vai dar certo?

— Sim, sim. Até amanhã de manhã a receita estará pronta. Passe sobre os vermelhões e mesmo nas feridas, mesmo aquelas em carne viva. Depois me ligue e me conte o que aconteceu. É importante que você observe bem as diferenças do efeito do creme nos estágios da ferida.

— Ok. Obrigada. Beijos — a vontade de ficar e conversar por horas com ele é grande. Meu coração fica apertado, mas a situação exige urgência.

Eu desligo e vejo com a Dr.ª Ciane o que precisamos para a produção do creme.

— Primeiro precisamos lavar, secar, picar e socar as flores em um recipiente de madeira ou porcelana — olho para o pessoal. Ana já sai em busca do recipiente.

— Em seguida vamos misturar com lanolina e colocamos no fogo brando, mexendo sempre, até a flor perder a cor. Então coamos e deixamos esfriar, mas mexendo sempre, e no final adicionamos cera de abelha. Mexemos até ficar com consistência de pomada. Podemos misturar as folhas também, mas estas precisam ser abertas com uma mistura de ácido perclórico e ácido nítrico, e deixadas no micro-ondas por dois minutos, para retirar o que precisamos da folha.

Fomos então todos procurar tudo o que precisávamos. Como o laboratório de química atende as aulas práticas do curso de Cosmetologia, encontramos a cera de abelha. Só ficou faltando a lanolina, que tinha acabado no laboratório. No depósito ainda havia, mas este ficava no piso térreo, que já estava debaixo d'água novamente.

— Nós podemos tentar pegar, profe! — sugere Luiza. — E eu lembro que a lanolina fica no alto de uma das estantes, talvez não esteja molhada.

— Não sei, pode ser perigoso. E talvez a lanolina já esteja estragada.

— Mas é nossa única opção — reforça Luiza, esperançosa. — Os meninos são bons debaixo d'água. Eles vivem na piscina.

— Eu não sei nadar — grita Carlos. — Prefiro ficar ajudando a profe com o preparo do creme.

— Relaxa, Carlos, eu tô falando do André e do Philipi.

— Isso, profe, eu e o Philipi conseguimos fazer isso. É logo aqui perto da rampa. Vai ser fácil, podemos fazer o mesmo esquema com a corda que fizemos no salvamento da mulher trazida pelas águas. E as águas nem estão tão altas e agitadas agora, acho que estão só pela canela, vai ser até mais fácil desta vez. E eu sei onde está o frasco. Está numa estante, próximo à porta. É bem alta, a água não deve ter levado.

— Está bem — eu concordo —, mas tomem cuidado. Aqui, a chave — eu tiro de uma gaveta da primeira bancada.

Os dois meninos saem para a tarefa. A corda ainda estava amarrada na grade de apoio da rampa. Eles a desamarram e voltam a amarrar mais próximo ao início da rampa, para que a corda chegue o mais longe possível.

Philipi fica inicialmente na rampa, segurando um lado da corda, e do outro lado André, amarrado, entra na água, que está pela altura do seu joelho, andando devagar, tentando chegar até a porta do depósito. A água está tranquila desta vez, ele só precisa andar com cuidado, empurrando com a canela os entulhos que boiam na água.

Empilhados em frente à porta do depósito havia mesas, cadeiras, entulhos em geral, dificultando chegar à porta. André começa a retirada e chama o amigo para vir ajudar.

Philipi então vem devagar, seguindo o mesmo caminho de André. Quando chega perto para ajudar a retirar o entulho, percebe encolhida embaixo de uma cadeira, sobre uma mesa, uma bolinha de pelo de cor caramelo.

— Olha, André, quem tá aqui. Quem conseguiu se salvar. Oi, Alecrim, você tá bem? — Philipi passa a mão na cabeça de Alecrim.

Depois de duas afagadas atrás da orelha, Alecrim abre seus grandes olhos negros e olha para Philipi balançando o rabo. Ele é um cachorro vira-latas, jovem ainda, que tem uma grande mancha branca entre os olhos.

— Ah, você tá bem, amigão? — André se aproxima e faz festinha com o novo amigo. Ele olha para Philipi — pelo menos uma boa notícia, nesta situação — Alecrim se levanta sobre a mesa e fica animado com os carinhos.

— Alecrim, fica aqui, que precisamos fazer uma tarefa. Depois te levamos para sua dona, ela vai ficar feliz — fala Philipi, afagando mais uma vez o pelo da cabeça do cachorrinho. — E quem sabe pare com aquelas loucuras.

Os dois estudantes então voltam à sua tarefa de desobstruir a porta do depósito. André retirava uma cadeira e entregava a Philipi, que empilhava próximo à parede a dois passos dali. Depois de retirar uma carteira e três cadeiras, e empilhá-las próximo à parede, Philipi se vira para pegar mais alguma coisa. Mas André não se mexe.

— O que houve, cara? — Philipi olha pelo ombro de André, que aponta para a pilha de entulhos.

— Ali, embaixo daquela cadeira quebrada, em cima daquela carteira.

Em cima de uma carteira que ainda tinha outras duas cadeiras em cima havia uma cobra enrolada, quietinha.

— Cara, essa não é uma cobra caninana, né? — sussurra André, ficando o mais imóvel possível.

— Pior que não, eu fiz um trabalho no ensino fundamental sobre cobras, que tive que apresentar oralmente, ainda lembro — Philipi fala sussurrando, para não perturbar a serpente. — Corpo marrom com manchas triangulares escuras, é uma jararaca. Muito venenosa.

— O que a gente faz?

— Não sei. Temos que segurar forte na cabeça dela para tirar ela dali. Eu vi um programa na TV.

— Sem chance, amigo. É muito fácil na TV, mas eu não vou me arriscar — e dá dois passos para trás, empurrando Philipi, que esbarra em uma cadeira, fazendo a outra que estava em cima cair dentro da água.

Essa agitação toda faz com que a cobra pareça ficar incomodada. Ela começa a se desenrolar e a descer da carteira em que está. Os dois rapidamente sobem na primeira superfície alta que encontram. O coração fica acelerado, e os dois ficam olhando o movimento da cobra. Alecrim começa a latir, sentindo o perigo se aproximando.

Ela desce e vem na direção dos dois, deslizando sobre a água. Eles nem respiram, se segurando nas paredes como se houvesse algum gancho para se agarrar. Mas a superfície que

Philipi escolheu para subir não estava firme, e o movimento que ele faz com o corpo, como se estivesse querendo ficar na ponta do pé para ficar o mais longe possível da cobra, faz a carteira quebrar, fazendo-o cair sobre a cobra, que passava exatamente naquele momento.

Ele então se debate na água para se afastar da cobra, e nem percebe que na queda um pedaço da madeira da carteira quebrada entrou na sua coxa. Na adrenalina ele tenta se levantar rápido e se debate agitadamente, o sangue escorrendo pela sua perna. A cobra fica agitada e abre a boca para dar o bote em Philipi. Alecrim, como que antecipando o movimento do réptil, começa a latir mais rápido e se joga sobre a cobra. Os dois rolam na água. Nisso, o estudante ferido sobe novamente em outra mesa perdida por ali perto. Sua respiração é ofegante, mas ele grita:

— Alecrim, cuidado.

— Alecrim, amigão!!! — grita André também.

A gritaria chama atenção das pessoas nos mezaninos, que gritam também.

Alecrim rosna e os dois animais rolam na água. No final, o cachorro dá uma ganida forte e os estudantes olham a cobra se afastar rapidamente para longe.

— Meu herói, você foi demais, Alecrim.

— Aí, amigão, conseguiu — André pega Alecrim no colo rapidamente.

As pessoas no mezanino ficam gritando para eles voltarem.

Mesmo vendo que a cobra se afastou, os três ficam um tempo ali em cima dos móveis, só respirando de forma ofegante. André, segurando Alecrim bem forte, sente seu coração acelerado. Philipi então começa a sentir uma forte dor na perna, e leva a mão à coxa sem olhar.

— Amigo, você está bem? — pergunta André, olhando para o sangue escorrendo pela perna.

Philipi olha para a perna e fica pálido.

— Cara, acho que eu não tô bom, não. Tem um pedaço de madeira fincado na minha perna.

André então desce da cadeira, coloca Alecrim no lugar e ajuda o amigo a descer.

— Ai, ai, ai. Dói.

— Fica aqui, vou pegar a lanolina e te ajudo a subir.

Ao se virar, ele percebe que Alecrim está deitado.

— Ei, amigão, você tá bem? — ele examina o cãozinho e olha para Philipi. — Cara, ele foi mordido, olha aqui — ele aponta. — Tá inchando aqui na coxa direita, dá pra ver as marcas dos dentes da cobra.

— Oi, Alecrim, fica tranquilo, vai dar tudo certo. Você vai ficar bem — Philipi afaga a cabeça dele. — André, pega a lanolina para a gente subir, talvez o Dr. Salomão possa fazer algo por ele.

André então termina de liberar a porta, mas não encontra a chave nos bolsos.

— Cara, a chave! Tá com você?

— Não, estava no seu bolso.

— Era só o que faltava.

— Talvez tenha caído no chão.

André então se abaixa e começa a tatear dentro da água suja para ver se encontra a chave.

— André, vê perto da mesa onde você subiu. Ela deve ter caído naquela hora.

O amigo segue o conselho e encontra o molho de chaves, de fato.

— Tá aqui. Aguentem firme aí, vocês dois — ele olha para o amigo, examinando a própria perna e tentando tocar no corpo estranho em seu corpo. — Não tira a madeira, deixa quieto, a gente já vai ver o Dr. Salomão. Talvez seja pior tirar ela aqui, tá tudo muito sujo, pode infeccionar.

— Dói muito, eu não ia conseguir tirar mesmo — Philipi termina a frase com um misto de riso e gemido.

André então entra na sala e o frasco está no lugar que eles esperavam, na última prateleira da estante. Por sorte não estava molhado.

Na saída ele entrega o frasco a Philipi e procura a ponta da corda que ficou caída na água, e a amarra no trinco da porta.

— Vem, Philipi, segura na corda. Eu vou te ajudar, deixa eu pegar o Alecrim.

Os dois então seguem devagar. A água espalha o sangue na água.

— Putz, o sangue na água vai chamar a cobra de volta.

— Não pira, Philipi. Vem, concentra, vamos sair da água.

Eles então conseguem sair da água e se deitam todos na rampa. As pessoas nos mezaninos já os esperavam para ajudar.

Algumas pessoas ajudam os meninos a chegar ao laboratório, outras ficam com o Alecrim ali na rampa. Quando eles entram no laboratório, eu olho para eles e fico assustada.

— Minha nossa, o que houve?

Vou ao encontro deles e ajudo Philipi a se sentar em uma cadeira.

— Luiza, vai chamar o Dr. Salomão — ela então sai correndo atrás dele.

André entrega a lanolina para Dr.ª Ciane, que inicia o procedimento de preparação do creme.

Os dois ficam com sentimento de missão cumprida. Mas Philipi sente muita dor, e está bem pálido. O Dr. Salomão chega e inicia o procedimento de primeiros socorros.

— O Alecrim — Philipi segura no braço do Dr. Salomão.

— Eu já o vi. Infelizmente não pudemos fazer nada por ele. Alecrim não resistiu.

— Ele salvou minha vida — Philipi abaixa a cabeça, triste.

Os colegas trazem um colchonete e o colocam ali. O doutor corta a calça jeans, deixando a ferida mais evidente.

Carlos fica verde de novo e sai de perto, com vontade de vomitar.

Eles então ouvem o choro e os gritos de Rebecca, que descobriu a morte de seu amigo. André coloca as mãos no rosto, sentido com o acontecido. Dr. Salomão conversa com Phillipi.

— Menino, eu não tenho anestesia aqui, e eu preciso remover a madeira, então você vai ter que ser forte, porque vai doer.

— Vai, vai, eu tô bem — Philipi está sentado sobre o colchonete com a perna estendida.

— Ok, então no três. Um...

— Um — todos repetem.

— Dois — fala Dr. Salomão, arrancando o pedaço de madeira rapidamente. Philipi dá um grito e se joga para trás, sem forças.

— Cadê o três? — e ele põe o braço sobre seus olhos sem esperar a resposta.

— Você tá bem?

— Eu não tô bem, não — o Dr. Salomão termina então o curativo, Philipi geme bastante enquanto mantém seu braço sobre os olhos.

8

Dia 5

No dia seguinte, Philipi ainda dorme ali no colchonete no laboratório.

— Bom dia, Philipi — eu digo quando ele abre os olhos.

— Profe, tô ferrado. Dói tudo.

— Você não achou que nós já tínhamos problemas demais, garoto?

— Foi mal, profe. Mas podia ter sido pior — ele fala, dando um sorrisinho amarelo e olhando para André, que entrava no laboratório naquele momento.

— Sim, profe, ele se machucou fugindo de uma cobra venenosa. O Alecrim que salvou ele.

Eu arregalo os olhos e digo:

— Ãhn?

— Sim, uma jararaca — fala Philipi. — Se eu tivesse sido mordido, tava perdido.

Ana, que estava ali, lembrou:

— Ah, a cobra que as faxineiras viram antes da chuva. Mas elas não disseram que era uma jararaca.

Eu abaixo a cabeça e ponho a mão sobre os olhos, sem acreditar.

— Gente, eu tô num filme, não é possível tudo isso estar acontecendo. Philipi, fica quietinho hoje por aqui, por favor. Vocês todos, não aprontem nada, me deem um sossego — eu peço, já sem forças para aguentar tudo isso.

Luiz e Antônio entram no laboratório correndo e rindo, e ficam dando voltas nas bancadas.

— Crianças, aqui não. Vão brincar lá fora — eu reclamo com eles.

— Profe, nós vamos levar as crianças para brincar no outro laboratório, ok?

Luiz e Antônio eram as únicas crianças que não tinham sintomas ainda. Luiza, Ana e André os levam para o outro laboratório, para distraí-los.

— Aqui, André, leva a lanterna UV, eles vão adorar — Philipi estende a mão com a lanterna para André.

No laboratório, eles brincam de tinta invisível, revelando mensagens com hidróxido de sódio que Ana escreve e revelando com fenolftaleína, e brincam de caça ao tesouro por todo canto no laboratório. Quando estão cansados, se deitam no chão. André então aproveita a falta de luminosidade do dia, apaga a luz do laboratório e brinca com a lanterna UV, irradiando tudo pela sala. As crianças adoram. Ele então mostra para as crianças como as notas de dinheiro luminescem sob a lanterna. Os meninos ficam animados, e Antônio pede para segurar a lanterna. Ele então aponta a lanterna para o rosto de Luiz, seu irmão. E seu rosto luminesce. Antônio retira a lanterna, mas Luiza segura a mãozinha dele e aponta para Luiz novamente. Todos olham para o rosto dele por um tempo. Então Luiza levanta e pede para Luiz vir até perto da janela, onde há a fraca iluminação do dia, característica de dias nublados. Ela, então, percebe manchas vermelhas no seu rosto. Ele está contaminado. Ela também aponta a lanterna na direção dos seus amigos Ana e André. E então devolve a lanterna para Antônio, e deixa as duas crianças brincando e sai para o outro lado da sala, puxando André e Ana.

— Vocês viram aquilo? — disse Luiza, sussurrando. — Ele está com manchas vermelhas pelo rosto, está doente. E as manchas brilham na radiação UV.

— Gente, igual a orquídea sob radiação UV — falou André. Os três se olharam e processaram a informação por alguns minutos. As crianças, sem consciência do que estava havendo, corriam pela sala brincando de laser espacial com a lanterna UV.

— Vocês acham que é possível ser a orquídea que trouxe a doença, e não a máscara? — perguntou Luiza. — Isso explicaria por que alguns têm as feridas em outros lugares do corpo.

— É o mesmo que estou pensando — disse André. — A caixa com os cachorrinhos estava perto da orquídea. E todos fizeram lanche no laboratório onde ela estava.

— E por que nós não ficamos doentes? — questionou Ana. — Estamos há mais tempo em contato com ela e estamos brilhando igual, vocês viram, mas não temos sintomas.

— Lembra que todos nós tivemos algum episódio de irritação em alguma parte do corpo durante o ano? Provavelmente estávamos sendo expostos à infecção em pequena quantidade — falou Luiza.

— Provavelmente nós ficamos imunizados porque passamos este ano sendo expostos a pequenas quantidades dela, e nosso corpo criou anticorpos, sei lá. Por isso não adoecemos — falou André.

— Foi exatamente isso que eu disse — reclamou Luiza, rindo. — Você não ouve, não é?

— Mas e Kenzo, por que ele ficou doente, se ele também estava com a gente? — perguntou Ana.

— O Kenzo estava só há um mês com a gente, não deu tempo para ele criar anticorpos, e a floração aconteceu em seguida, contaminando ele, por isso foi tão rápido — respondeu André.

— Claro, tudo isso faz sentido — concluiu Luiza. — Meu Deus, o creme. Se isso for verdade, imagina sendo passado direto nas feridas, o que pode acontecer. Temos que impedir.

Os três então sentem a urgência em impedir o tratamento com o remédio que estava sendo preparado antes de entender bem o que estava proliferando a infecção.

Mas enquanto conversam, as crianças, em sua brincadeira de Star Wars, trancam a porta por fora, deixando os três presos no laboratório.

— Agora os *stormtroopers* estão aprisionados, salvamos a terra. Vamos, Luke, precisamos pegar nossa nave — diz Luiz, e os dois saem correndo, continuando sua brincadeira e deixando os três aprisionados num momento não muito apropriado.

Na sala, os três vão à porta e percebem que ela está trancada. E começam a bater insistentemente para abrirem a porta.

— Garotos, abram aqui.

— Abram a porta. Precisamos sair.

A mulher de cabelo vermelho se aproxima. Ouve os chamados deles.

— O demônio quer ser solto, quer nos pegar — ela sussurra com os olhos esbugalhados. Então abaixa a cabeça e começa a rezar sem parar. E então se afasta...

No laboratório, o creme está pronto. Precisava descansar por duas horas, e esse tempo já está finalizando. Ficamos todos felizes que logo poderíamos fornecer a cura para as pessoas que estavam no isolamento.

— Será que teremos creme para todos? — pergunta Lívia.

— Sim — responde Dr.ª Ciane —, a orientação é que uma fina camada é o suficiente para conter a infecção.

A mulher de cabelo vermelho passa por nós e entra na sala contígua ao laboratório. Eu a olho sem muita atenção, e foco minha atenção no cronômetro no meu celular.

— Deu o tempo — eu falei, animada. — Podemos levar.

Nessa hora ouvimos um barulho alto, uma batida e um quebrar de vidro muito forte. Fomos ver o que era. Procuramos e vimos que na sala de isolamento o galho de uma árvore fora arrancado pelos ventos fortes e arrebentou a janela daquela sala.

Os estilhaços machucaram Patrícia, mãe da Jane, e Verônica, uma das estagiárias de Farmacologia, que estava ali dando uma assistência aos doentes. Elas tinham cortes pelos braços e rosto, provenientes dos cacos de vidro lançados pela janela. Agora o vento e a chuva entravam com toda a força na sala através daquela janela quebrada. As levantamos e as tiramos da sala, inicialmente, levando para uma outra sala mais seca. E tivemos que fazer isso com todos os outros, retirando-os dali com cuidado, pois estava tudo ficando molhado.

A pequena Jane já tem bolhas em seu rosto, e o senhor Santos tem muita dificuldade para respirar. Acomodamos todos em outra sala e fechamos a porta daquela primeira. Verônica, então, grita por ajuda. O senhor Santos está tendo uma parada cardíaca, não consegue mais respirar. O Dr. Salomão faz massagem cardíaca para tentar reanimá-lo. Depois de meia hora ele para, desanimado. E balança a cabeça negativamente.

No laboratório, os três escutam que a mulher voltou e está rezando novamente, e desistem de pedir ajuda. Então se põem a pensar como sairão dali. André olha pela janela.

— A chuva está muito forte, não tem como sair por aqui. Não tem onde se segurar do lado de fora.

— Tem um minimaçarico aqui no laboratório, eu já vi a profe usando. E se a gente usar a dilatação na dobradiça para tirar o parafuso? Abrimos a porta ao contrário — pergunta Luiza.

— Deixa eu ver — responde André, buscando no Google, no seu celular, os coeficientes de dilatação dos materiais. — A dobradiça é de alumínio, mas os parafusos parecem de latão — ele busca com atenção. — Não, não vai funcionar. Os coeficientes de dilatação são praticamente iguais. A dilatação é a mesma.

— Vamos ver os extintores — comenta Ana. — São para incêndio classe A.

— Ótimo, esses agem por resfriamento. Podemos resfriar a maçaneta e quebrá-la com facilidade.

Do outro lado da porta, a mulher de cabelo vermelho tinha pegado a lata de querosene da cozinha improvisada. Ela reuniu, enquanto rezava, várias páginas arrancadas da bíblia no chão, e ateou fogo na base da porta.

— Volte para o inferno, Satanás — ela gritava. — Levastes meu Alecrim, seu maldito.

A fumaça começava a entrar pela fresta para dentro da sala, e os três começaram a tossir.

— Não pense mais, me dá o extintor — gritou André. — De qualquer jeito precisamos dele. Mulher maluca.

Eles então resfriaram a maçaneta e, com a parte de baixo do extintor, a quebraram. Abrindo a porta, sem parar, André também usou o extintor sobre o fogo que já começava a queimar a base da porta.

A mulher se assustou.

— Satanás veio me pegar. Minha alma tu não levas, ser do mal — ela grita, enquanto num movimento impensado derruba querosene sobre seu corpo propositalmente e ateia fogo.

Os três então voltam para dentro da sala, para se proteger. A mulher, gritando de dor, em chamas, corre na direção deles e cai bem no centro da sala, ainda em chamas, sem mais movimento. André usa o extintor sobre o corpo dela, apagando o fogo, mas a mulher não se mexia mais.

Os três atônitos, agora Luiza é quem começa a chorar.

— Gente, vem, vamos — chamou André numa determinação de urgência. — Temos que impedir outra tragédia.

Os três saem, com o coração batendo acelerado e os olhos molhados pelas lágrimas.

Na nova sala de isolamento, o corpo do senhor Santos já tinha sido levado para a sala resfriada. E Lívia chegava com o creme produzido. Dr.ª Ciane conversava com Jane.

— Você vai ficar bem, agora. Temos um remédio que vai te ajudar.

Lívia alcança a pomada para a Dr.ª Ciane.

— Pronto. Vamos colocar sobre as bolhas, ok, Jane? Pode arder um pouco.

A dois centímetros de colocar no rostinho de Jane, Luiza entra na sala gritando.

— Parem!!! Agora!!

Todos olhamos atônitos para ela. Os outros dois chegaram em seguida, esbaforidos.

— Vocês já usaram em alguém? — pergunta Luiza.

— Ainda não, estamos começando. O que houve? — eu respondo.

— É a orquídea o hospedeiro da infecção, não a máscara. É ela que está contaminada.

Eles explicam então como chegaram a essa conclusão. E Dr.ª Ciane fecha o frasco da pomada imediatamente. Na dúvida, resolvemos não usar.

— Preciso estudar essa orquídea para checar essa suspeita — Dr.ª Ciane comenta.

— Eu tenho uma campânula de vidro borossilicato de dois centímetros de espessura. Podemos colocar o que sobrou dela dentro desse vidro. Se ela emite a bactéria ou vírus pelo ar, pelo menos ficamos seguros. E colocamos a campânula sobre o que sobrou dela, como a rosa da Bela e a Fera, deixando-a isolada.

Nisso, um helicóptero da Defesa Civil sobrevoa o prédio. Olhamos aquelas luzes intermitentes aliviados. Finalmente o socorro chegou, bem a tempo. Estavam sobrando doentes e faltando remédios.

Fomos todos ao hospital e recebemos os medicamentos adequados. A pequena Jane melhora, finalmente. Não chegou a precisar de desbridamento cirúrgico. A infecção não tinha avançado tanto, mas seu rostinho teria marcas para toda a vida.

Mariana também se recuperou bem, e estava na cama do hospital fazendo *selfie* e *story* para mostrar como sobreviveu aos piores dias de sua vida.

Ficamos tristes com a perda de Kenzo e do senhor Santos, grandes fatalidades. Todos os outros receberam antibióticos a tempo.

9

Dias depois...

Hoje é dia de limpeza no laboratório. Tudo já está mais calmo. As águas já baixaram e o sol brilha novamente. Eu chego ao prédio e as faxineiras estão por toda parte. Antes de subir ao laboratório, passo no depósito.

No depósito muita coisa foi perdida. André e Carlos estavam reunindo os frascos de reagentes que tinham molhado e separando os que estavam bons. No mesmo lugar onde alguns dias antes André e Philipi se viram em apuros com um animal peçonhento, hoje somente sujeira e barro.

— André, bom dia! Como está Philipi?

— Profe, ele está em casa se recuperando. A ferida não infeccionou, ainda bem. Mas tá manhoso que até irrita, hehe. Ele pediu para a gente ir lá hoje à noite fazer janta pra ele. Diz que está sem comer há dias porque não consegue se levantar, hahaha.

— Hahaha, se está de manhã, tá tudo certo. Carência é mais fácil tratar.

— Sim, hahaha.

No laboratório encontro Luiza, Lívia e Ana, com sacos de lixo pretos grandes, jogando fora todos os reagentes e vidrarias que tiveram contato com a orquídea, ou que molharam pela chuva.

— Bom dia, meninas. Tudo bem?

— Bom dia, profe. Tudo certo, sim — responde Luiza. — Mas algumas pesquisas foram perdidas. Na verdade, não entendi bem o porquê. Elas estão molhadas, mas estavam no armário, e não tinha acesso à água ali. Sem goteira ou vazamento em redor. Estranho. Talvez as crianças tenham jogado água ali.

Eu olhei e as amostras de tinta estavam bem líquidas.

— Ué, que coisa. Bem, façam o descarte deste material. Depois recomeçamos. Hoje a Dr.ª Ciane vem aqui para conversar, ela andou testando a orquídea e as máscaras.

— Tomara que ela tenha descoberto algo. E tomara que aquela campânula tenha mantido aquela infecção contida. Imagina se depois de tudo a gente ficar doente e morrer — falou Lívia, tirando seu álcool do bolso do jaleco.

— Seria morrer na praia, né, Lívia. Ou nas águas — completou Ana.

— Piada ruim, Ana — se irritou Lívia.

— É verdade, mas ela me disse que sim, que tem novidades — eu falei.

Dr.ª Ciane levou a orquídea e uma máscara para investigação, para identificar se uma das duas era mesmo a origem da infecção.

— Bom dia, professora — ela então chega com notícias sobre seus estudos.

— Bom dia, Dr.ª Ciane — deixo meus alunos no laboratório fazendo a faxina e a levo para uma sala de aula para conversarmos com tranquilidade. — A senhora está bem, sem infecção nenhuma? Seus alunos ficaram bem também?

— Sim, eu estou bem. A Mariana, estagiária do Salomão, é que ainda está no hospital em observação, mas está se recuperando bem. Todos os outros já estão em casa. O nosso laboratório é que foi totalmente perdido, ficou tudo debaixo d'água, nem temos como trabalhar por um bom tempo. As análises que fiz nem foram aqui. Fiz no meu laboratório no centro.

— E então, descobriu algo?

— Sim, a hospedeira era a orquídea, mesmo. Seus alunos salvaram várias vidas — diz Dr.ª Ciane olhando para mim, e eu, piscando, seguro um sorriso de orgulho dos meus alunos. — Mas a infecção não é de fasciíte necrosante. Quer dizer, é um conjunto de bactérias, mas está alterada. Ela é transmissível pelo ar e reage muito rapidamente. É como se alguém tivesse deixado a bactéria mais perigosa. E as flores têm uma incidência maior de bactérias do que as folhas. O creme está supercontaminado. Se tivéssemos usado, ninguém sobreviveria.

— Minha nossa — eu levo minha mão à cabeça, imaginando tudo o que poderia ter acontecido. — O estrago poderia ter sido maior.

— Sim, aquela espécie de epífita é muito perigosa. Espero nunca mais encontrar um espécime dela. O que sobrou das análises eu vou incinerar.

— Gente, espécie de epífita... — eu lembrei. — O Roberto, precisamos avisar o Roberto sobre essa transmissibilidade, sobre o perigo. O grupo dele está trabalhando direto nas flores — eu sinto uma urgência em avisá-lo, então levanto rápido e me dirijo à porta. Dr.ª Ciane pisca enquanto me vê afobada.

Com a mão na moldura da porta, eu paro e penso por alguns minutos. Me volto para a doutora, que ainda me olha:

— Tenho uma ideia melhor. Me espere um pouco aqui, Dr.ª Ciane — saio, então, e vou até o laboratório chamar Luiza, para conversar junto com a Dr.ª Ciane.

Bato na porta, e quem me recebe é um aluno de jaleco branco e máscara de proteção com filtros. O estagiário ruivinho do Roberto me leva então até seu orientador. Ele está trabalhando em sua mesa, e sua equipe está por todo o laboratório, alguns usando até máscaras respiratórias *full face*. Chego sem avisar, de surpresa, três dias após conversar com Dr.ª Ciane.

— Minha gata, que surpresa maravilhosa sua visita.

— Que bom que você está bem — eu então o abraço e lhe dou um beijo, na boca, bem demorado. E me lembro das últimas férias que tive, ali com ele, quantas palavras de amor, que noites maravilhosas.

— Opa!!! Quanta saudade — ele se surpreende, pois sempre fomos muito discretos na frente dos alunos.

Após os cumprimentos, vamos à mesa dele para conversar. Olho em volta os alunos de máscaras, as orquídeas agora fechadas em caixas de vidro. E, em outra mesa, cremes sendo preparados exatamente como dias antes a Dr.ª Ciane fez.

— Então me fala, o creme funcionou? — pergunta Roberto, ansioso. — Qual foi o efeito? Você não me contou.

— Não era a máscara que tinha as bactérias, era a orquídea a hospedeira — eu falo para ele e espero sua reação de surpresa, que não vem.

— Minha gata é muito esperta. Mas vocês chegaram a passar o creme? Como ficou a pele?

— Roberto, você já sabia? — falo olhando para ele, atônita com o que eu realmente não queria acreditar.

— É claro, não é incrível? Uma flor que pode reter bactérias. Podemos usá-la como hospedeiro. Cultivar bactérias em matriz orgânica vegetal. Quantas bactérias podemos criar com esse novo hábitat, para enviar para qualquer lugar que quisermos, sem ser percebido.

— Mas e a bactéria? Não é uma bactéria normal, não é?

— Não, claro que não. Eu a alterei para ficar mais mortal. É meu bebê, minha criação — ele fala, muito orgulhoso. — Vai levar meu nome. É a arma bioquímica perfeita. Não é fantástico? Ficaremos ricos. Mas vocês usaram o creme? As bactérias se mantiveram intactas na preparação? Qual foi o efeito no clima úmido do Sul? Acelerou o processo de contaminação? Isso é tão excitante.

Eu fico atônita, quase sem respirar com a felicidade dele em relação a algo tão mortal.

— Você é maluco?

— Não, gata, é perfeito. Pensa — ele olha para mim com os olhos arregalados e vidrados. — Vai rolar muito dinheiro. Nós ficaremos ricos.

— Clima do Sul... Mas você testou em outras regiões, então?

— Sim, tenho parcerias em São Paulo e Minas Gerais. Em Minas foi devastador, minhas belezinhas fizeram um estrago. Tão perfeitas, é só começar a floração para tudo acontecer.

— Parcerias como a minha? Desavisadas?

— Ah, sim, uma pena que ninguém entende a beleza da minha criação. Mas só você descobriu minhas bebezinhas. Eu consegui muitas anotações, tudo aqui no meu caderno. Elas reagem igual, independente do clima da região.

— E você falou em grana. Muita grana? Vai vender suas "bebezinhas"?

— Gata, estou em negociação com empresários da Arábia, Alemanha e Japão. Vamos ficar ricos, é muita grana. Só preciso finalizar os resultados nos cremes faciais. Você ainda não me disse os efeitos do creme. Eu te coloco de sócia. Você pode vir morar aqui comigo, posso usar suas habilidades com alteração superficial de materiais e exportamos essa belezinha para o mundo todo. Mudaremos a configuração do mundo.

— Não acredito que tenha gente interessada nessa compra — falo com um olhar de desconfiança.

— Já temos contrato de intenção de compra, amor — ele puxa os contratos de uma gaveta. — Veja o valor — e aponta para um valor no final do papel. Eu seguro o contrato e fico sem ar.

— Minha nossa, é um valor muito alto!!! — devolvo o contrato a ele. Se ele me der apenas 1% desse valor, pode mudar a minha vida inteira. — Mas você não pensa nas mortes? Não é uma morte muito bonita, eu vi como é.

— É só um dano colateral necessário. Meu nome estará no estrelato, vou ser reconhecido como grande cientista, temido, até. Todos os que me menosprezaram vão se arrepender, porque terei meu rosto estampado em todas as revistas e jornais. Eles vão querer ser meus amigos. Talvez eu mande uma amostra do meu trabalho a eles, sim, é uma boa ideia... — e ele faz uma anotação no caderno à sua frente.

— Roberto — eu respiro fundo —, preciso de um minuto. É muita coisa para processar. Vou ao banheiro, um minuto — me levanto e vou em direção à porta.

— Minha gata, você ainda não me disse o efeito do creme.

Com a mão na maçaneta, eu viro a cabeça na direção dele.

— Aí está o efeito do creme — digo, abrindo a porta do laboratório.

E num rompante entram 20 policiais federais, com seus coletes à prova de bala e armas pesadas. Eles estavam ouvindo a conversa por um microfone preso à pele do meu peito.

Eu saio da sala, chocada, enojada de tudo aquilo, ouvindo o grande barulho gerado. Pessoas correndo, ordens de prisão, coisas caindo, vidro quebrando e Roberto gritando, tendo seus braços imobilizados por um dos policiais.

— Você me traiu!!! Você estragou tudo!! Você vai pagar!! Eu não vou ficar nem uma semana enjaulado. Vou me vingar de você, pode esperar um presente meu, sua vaca.

Ele, num ato desesperado, empurra o policial que estava colocando a algema nele e pega um frasco de vidro na mão.

— Se vocês se aproximarem, eu quebro esse vidro e libero bactérias mortais. Todos irão morrer.

Os policiais pararam com as mãos em riste e ficaram olhando, buscando uma forma de imobilizá-lo. Ele joga o frasco nos policiais, e enquanto eles tentam pegar o vidro, evitando a fragmentação, Roberto quebra a janela de vidro e pula para a rua. Ele começa a correr, indo na direção do estacionamento para pegar seu carro, provavelmente.

Entretanto, um helicóptero sobrevoava o campus. Quando viram Roberto correndo, dispararam uma rajada de tiros na direção dele que quase acertou os pés dele. No intuito de desviar dos tiros, ele se joga para trás, tentando mudar a direção. Mas, sem vencer a inércia, cai no chão. Os policiais que estavam correndo atrás dele o alcançam e o algemam, prendendo-o finalmente.

Acabou, enfim.

Volto para casa depois de alguns dias, e no laboratório encontro minha turma.

— Como foi, profe? — perguntou Carlos.

— Horrível, ele é maluco. Ele acha que fez algo incrível.

Eu conto tudo o que aconteceu em detalhes.

— Mas, profe, a senhora não ficou com vontade de aceitar a dinheirama? — perguntou Carlos.

— Não. Nenhuma vida vale nenhum valor em dinheiro. Eu não acredito nisso — eu respondo, pensando no pobre Kenzo e em como ele perdeu sua vida, uma vida inteira de aprendizagens e realizações. E no senhor Santos. Que final mais triste, ainda tinha tanto a ensinar.

— Mas ele foi preso, né, profe? — pergunta Ana.

— Sim, ele foi preso, sim. Saiu algemado, esbravejando. Ficou com muita raiva de mim. Disse que vai me enviar um presente, qualquer hora.

— E os alunos dele, profe? Foram presos também? — perguntou Carlos.

— Não, eles só estavam cumprindo ordens. Foram todos interrogados, claro, mas não sabiam das intenções do orientador.

— E as pessoas que levaram um exemplar da orquídea sem saber? — perguntou André.

— A polícia identificou, ele tinha tudo anotado no caderno de laboratório. Eles entraram em contato com as professoras e conseguiram recuperar as orquídeas. Esse experimento chegou a matar muita gente, mas esses exemplares recuperados e tudo que estava no laboratório foi confiscado, e eu espero que tenha sido incinerado.

— Profe, eu vi no jornal ontem que ele pagou fiança — comentou Lívia.

— As leis não são justas — disse Carlos.

Eu só balanço a cabeça negativamente e aperto meus lábios, reforçando o que ele disse.

— Mas ele vai passar por julgamento, minha gente. A justiça vai ser feita.

— Profe, a senhora precisa se proteger. Aliás, todos nós. Ele vai vir com tudo pra cima da gente — disse Lívia.

— Não, acho que não. Ele tem outras coisas para se preocupar. Não se preocupem, nada vai acontecer, estamos no Brasil — eu saio dando uma piscada para Luiza e sorrindo, e meus alunos ficam se olhando e piscando.

FIM

EPÍLOGO

Entro no laboratório e chamo Luiza:

— Luiza, vem aqui, preciso conversar um minuto com você.

Volto para minha sala, e Luiza me segue. A Dr.ª Ciane, que veio me trazer notícias sobre suas pesquisas em relação à bactéria, está me esperando.

— Então, Luiza, era mesmo a orquídea que trazia a doença, e era uma bactéria alterada geneticamente que ficou muito perigosa.

— Nossa, profe, então não é bom avisar aquele seu amigo do Amazonas?

— É claro que Roberto está envolvido nisso tudo, ele não é vítima — eu concluo, falando às meninas. — Eu me lembrei do jeito dele falando comigo ao telefone, todo animado. Ele dava umas pausas, como se estivesse anotando enquanto eu falava. No dia eu não dei bola, achei que talvez estivesse pensando. Mas é obvio que ele está envolvido. Vou avisar a Polícia Federal, mas sabemos como são as coisas no Brasil, lentas e nem sempre justas. E o assunto é muito sério, vidas estão em jogo.

— E o que podemos fazer? — perguntou a Dr.ª Ciane.

— Dr.ª Ciane, é possível incorporar essas bactérias em uma membrana polimérica porosa?

— Posso tentar incorporar as bactérias, com certeza — respondeu Dr.ª Ciane.

Eu então me viro para minha aluna, que está olhando fixa para mim.

— Luiza, a membrana já está pronta para usar, não é?

— Tá pronta, sim, profe. E eu já entendi o que a senhora tá pensando. É possível fazer, claro — Luiza fala com olhar malicioso e sorrindo.

— Ok, meninas. Mais uma coisa: eu vou até a Polícia Federal para fazer a denúncia contra o Roberto. Vocês vêm comigo?

— Claro que sim, agora. Vou reunir minhas anotações para apresentar.

Quando chego à universidade em Manaus, antes de entrar no laboratório do Roberto, peço à polícia para passar no banheiro antes de começarmos a operação. Eles permitem, imaginando que eu estou nervosa.

— Fique tranquila, senhora, vai dar tudo certo. Qualquer coisa, entramos em 10 segundos no laboratório. Estaremos do lado de fora. Quando a senhora voltar do banheiro, colocaremos o microfone. Ele ficará invisível sob sua roupa — me falou um policial.

— Certo, obrigada!

No banheiro, tiro da minha bolsa uma latinha de alumínio, dessas que vêm de brinde para fazer propaganda de cotonete. No fundo da latinha, em vez dos cotonetes, coloquei uma gaze, e um pedacinho da membrana que faz parte da pesquisa da Luiza. A membrana tem a aparência de pele humana. Eu olho em volta, o banheiro está vazio. Os policiais ficaram em uma sala de aula vazia do outro lado do corredor, para ninguém notar nossa presença. Eu pego aquele pequeno pedaço de pele e grudo sobre meus próprios lábios. A membrana polimérica é bem fina e fica invisível, mas mesmo assim aplico um batom por cima dela, para disfarçá-la mais ainda.

Na parte externa da fina membrana há uma pequena colônia de bactérias alteradas geneticamente. Estou segura, pois estou cheia de antibióticos. Mas qualquer superfície que meus lábios tocarem terá um pequeno presente.

Eu saio do banheiro ainda nervosa, entro na sala onde os policiais se encontram e eles então colocam o microfone sob minha blusa. E me orientam como conduzir a conversa, e que tipo de informações conseguir. Sem essa gravação, ficaria difícil provar a ciência e envolvimento dele nessa situação sórdida.

Minhas mãos estão suadas, e meu coração, acelerado. Paro na frente da porta do laboratório de Roberto e bato. Ao entrar no laboratório, antes de qualquer outra coisa, quando vejo Roberto lhe dou um beijo demoradamente...

O que posso chamar de beijo da morte!